司法が凶器に変わるとき

「東金女児殺害事件」の謎を追う

三宅勝久

MIYAKE, Katuhisa

母一枝に捧げる。

現場周辺の地図

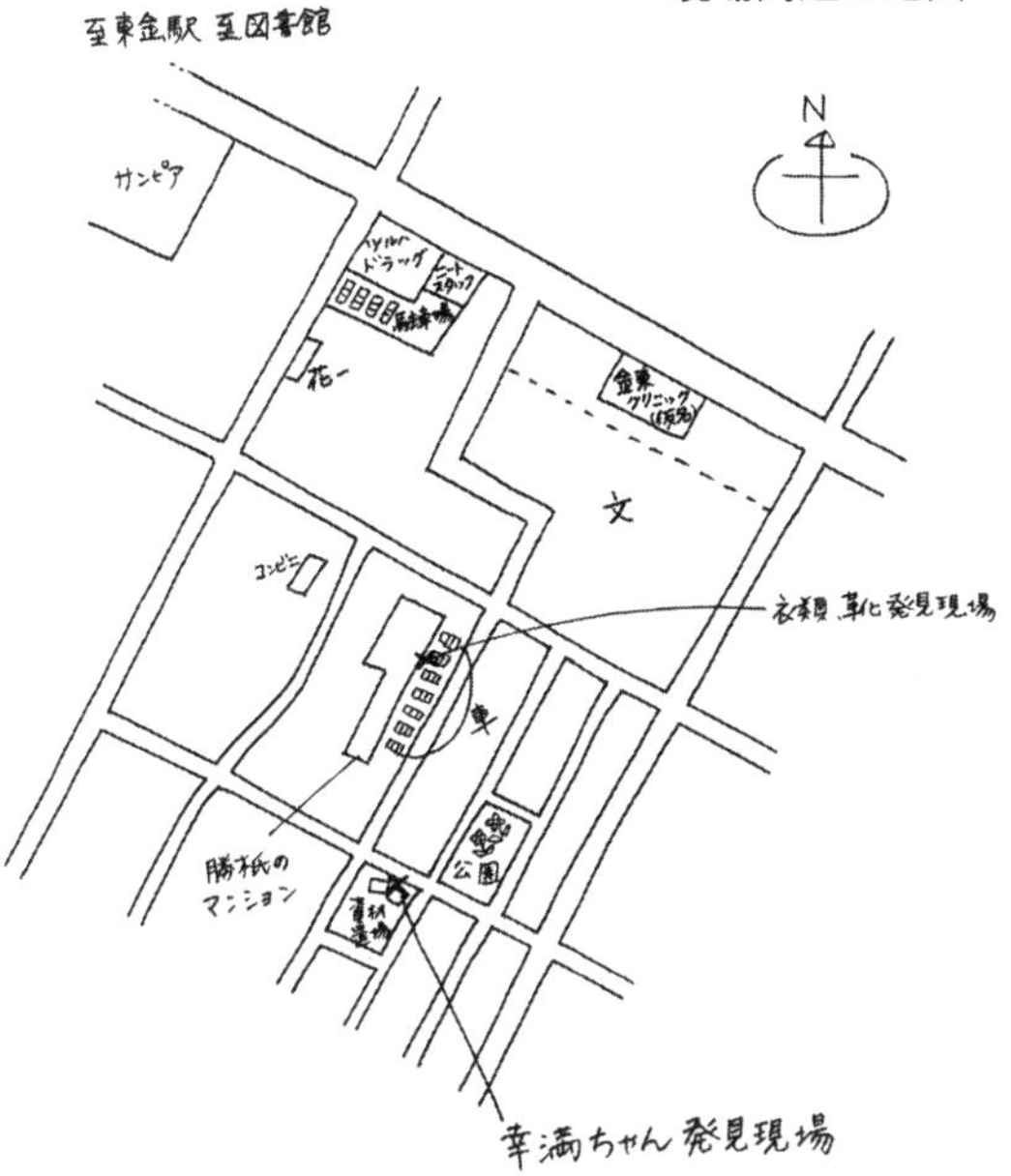

勝木諒氏のマンション間取図（3階）

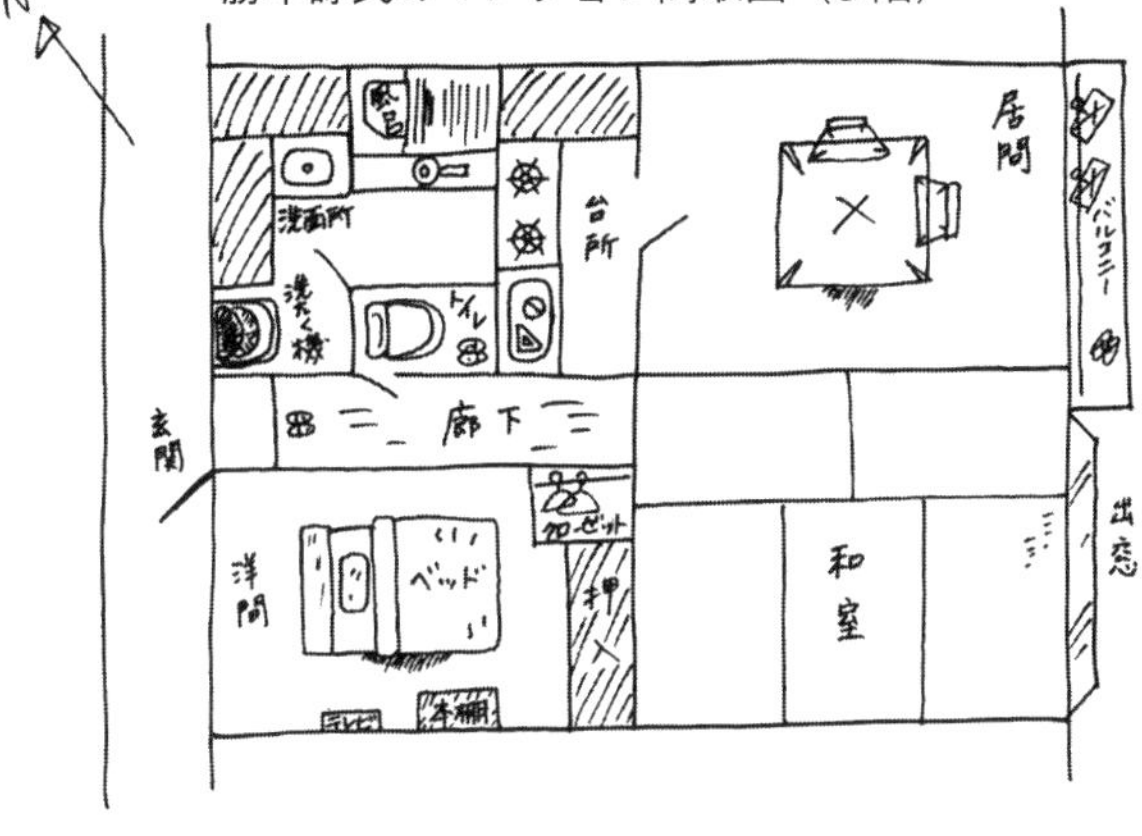

図作成：にしむらひとみ

はじめに

二〇〇八年九月二一日。ときの政権与党である自民党にかつてない逆風がふき、内閣の支持率は一〇％台に下落、福田康夫首相が辞任に追いこまれているころ、千葉県東金《とうがね》市でひとつの殺人事件がおきた。いわゆる「東金女児殺害事件」である。住宅街の路上で五歳の女児が全裸死体でみつかるという衝撃的な事件だった。二ヶ月後、知的障害をもつ二一歳の青年・勝木《かつき》諒《りょう》氏が被疑者として逮捕される。女児を拉致して自宅に連れこみ、風呂に沈めて殺してすてた――彼に着せられたのはそういう疑いだった。

はげしい報道競争が展開された。ＴＢＳの女性記者が「メール友だち」をよそおって勝木氏に接近し、カラオケにさそって一部始終を撮影したあげく、逮捕とあわせてその映像をスクープとして放映するという出来事もあった。

このような報道競争を、当時のわたしはにがにがしい思いでながめていた。警察が無責任にもらす情報にむらがり、裁判がはじまる前から犯人視報道をくりかえすマスコミに嫌悪すら感じた。かつて新聞社に身をおき、警察と記者クラブメディアの根深い癒着《ゆちゃく》を肌で知っていたせいもあって、ほとんど本能的に事件から目をそむけていた。

「弁護人が無実だと言っているらしい」

そんな話を耳にしたのは事件発生から一年以上すぎた二〇一〇年一月のことである。熱狂報道は、勝木氏の逮捕前後を頂点に沈静化していた。わたしは「無実」に興味をもち、遅まきながら取材にとりかかった。勝木氏の弁護人は記者会見をひらき、「無実」の理由について指紋鑑定結果などをもとに説明した。その説明にわたしは説得力をかんじ、取材にのめりこんだ。

ところが、取材開始からほどなくして予想外の出来事がおきた。無実だと言っていた弁護人が突如理由をつげずに辞任したのだ。後任の弁護人は無実を撤回し、「勝木氏は犯人だ」との主張をおこなった。勝木氏が犯人だと断定するだけの事実がでてきたのだろうか——わたしは疑問をもち、公判を注意ぶかく傍聴した。しかし、ついに確証を得ることができなかった。

こうしたいきさつを経て、一審千葉地方裁判所は懲役一五年の有罪判決を言いわたす。確かに形式的な〝証拠〟はそろっていた。公判で勝木氏自身も犯行をみとめる供述をおこなった。それでもわたしは、勝木氏がほんとうに犯人なのか信じることができなかった。彼を犯人とするには納得できないことが多すぎた。

弁護側の控訴による二審東京高裁は一回で結審——控訴棄却となった。最高裁の上告審も請求が棄却され、有罪判決は確定した。勝木氏は刑に服し、事件は急速に風化をはじめた。弁護人の記者会見にはじまった取材は、消化不良のような気持ちの悪さをのこしたまま一応の終わりをむかえた。

判決確定からしばらくたったある日、わたしは興味ぶかいものを手にいれた。捜査記録を知る人物が作成したメモ※である。そこには捜査記録の内容が書きぬかれていた。以下はその抜粋である。

二〇〇八年一二月一九日

解剖医岩瀬准教授による死因鑑定

「解剖後に実施された鑑定結果からは、本屍が溺死したことを確定することは困難であり、鼻口部閉塞による窒息や薬物中毒など他の原因で急死した可能性も残された」

「左上肢脇窩周辺に注射針痕数個あり」

「手背部に注射針痕」

「右上肢、脇窩周囲に注射針痕一つずつあり。周囲の母指頭大の範囲は青色に変色」

二〇〇九年一月一一日

検察官面前（検面）調書（殺害方法）

検事「女の子は片手でもつには重くなかったか」

勝木「軽かったです。布団とかを担いで持っていました。その重さに比べればどうってことなかったです」

二〇〇九年一月一二日

検面調書、DVD録画

検事「裁判でもちゃんと話す努力をしろ」
勝木「はい。自信ないけど頑張ります。でも言えなかったら検事さんが読んでください」
検事「何を?」
勝木「調書ですよ」

二〇〇九年二月四日

解剖医岩瀬准教授の検面調書

「溺死の可能性が高く、溺死に比較すれば薬物中毒や鼻口部閉塞による窒息死である可能性は著しく低い」
「溺死の可能性が相当高いと判断したにもかかわらず、溺死の生活反応が証明できなかったことから、死因が溺死であると断定せず、溺死の可能性が示唆されたという記載をした」

二〇〇九年四月一七日

検面調書

検事「きょうで事件の取り調べは最後になる予定」

勝木「きょうで終わりなの？　みじか。もうちょっとあってもよくない？」

（雑談）

検事「法廷では僕らも君が話しやすいようにいろいろするからね」

勝木「はい」

溺死と確定するのは困難だという解剖医の鑑定結果が報告されたのは二〇〇八年一二月一九日。期を同じくして千葉県警は、「風呂に沈めたことによる水死の可能性が高い」という話を新聞記者にながしている。一週間後の一二月二六日、勝木氏は、風呂に沈めて殺したとして殺人容疑で再逮捕された。そして二〇〇九年二月四日、解剖医は一転して、溺死の可能性が高いとの供述をおこなう。殺された女児は体重が一八キロだった。五キロの米袋にして四袋弱。それを片手で持って、布団より「軽かった」と勝木氏は供述している。知的障害者のたわいもない発言だとして見すごしてよいものか。

公判で困ったら代わりに「調書」を読んでほしいとも勝木氏は検事に言っている。相手が自らを刑務所に送ろうとしている人間だということに気づいていない。学校の先生とのやりとりのように無邪気そのものだ。

この捜査記録メモを前にして、わたしは思う。

彼の裁判それ自体がもうひとつの事件ではなかったか――

閉ざされゆく裁判所でおきた不正義を一介の傍聴人が垣間見た。本書はそのささやかな記録である。

※巻末収録の「資料」参照。

（注）本文中、登場人物の肩書き・年齢は取材当時のものです。法廷のやりとりは筆者の傍聴メモをもとに再現しました。被告人の発言部分については、ゆっくりとしてたどたどしい口調を表現するためにひらがな表記としました。

目次

人とのコミュニケーションに困難のある人、そのために自分を守りきれない人たちが警察によって密室のなかで取り調べられ、「はい」「いいえ」だけで調書が作成され、それをもとに裁かれて刑務所に入れられている。

（二〇〇八年六月二三日、『不登校新聞』掲載の副島洋明弁護士インタビューより）

第1章　指紋の迷路

記者会見

ＪＲ山手線の鶯谷《うぐいすだに》駅北口をでて五分ほど歩いたところに「根岸いんくる法律事務所」の看板は難なくみつかった。ガラス戸から蛍光灯の明かりがもれている。二〇一〇年一月二五日午後五時すぎ。あたりはもう暗い。わたしは戸を開けて中にはいり、受付の女性事務員に用件を伝えた。

「記者会見の取材に来たんですが…」

「フリーの方ですね」

事務員は笑顔で応じると、二階の記者会見場を案内する。

会見場の大部屋は記者たちでごったがえしていた。二〇人はいるだろう。用意された一〇脚あまりのイスはすべて埋まっていた。部屋の後方にはテレビ局の大型テレビカメラが四台、三脚に据えられて撮影の準備をととのえている。

「ダメダメ、頭がかぶるよ」

テレビカメラの前に座ろうとした若い男をカメラマンが追いはらう。

前方の壁際に、人ひとり入れそうな空間が残っていた。人をかきわけるように進み、わたしは体を押しこんだ。

一年四ヶ月前の二〇〇八年九月二一日午後〇時二六分、雨模様の日曜日、千葉県東金市の路上で五歳の女児・成田幸満《ゆきまろ》ちゃんが裸の死体でみつかった。二ヶ月後、東金警察署は現場ちかくに住む勝木《かつき》諒《りょう》氏（当時二一）を逮捕する。勝木氏には知的障害があった。

翌二〇〇九年四月一七日、千葉地方検察庁は勝木氏を殺人・死体遺棄・未成年者略取の罪で起訴した。白昼の路上で拉致し、自宅に連れこんだうえで風呂に沈めて殺し、服を脱がせ、道ばたにすてたというのである。

この「東金女児殺害事件」に動きがあるらしい――報道関係の仕事をしている知人からそんな話を聞いたのは数日前のことだった。

「ああ東金の…ありましたね」

「無罪で争うらしいぞ」

「無罪？」

「勝木はやっていない、冤罪《えんざい》ということらしい」

「本当ですか」

「弁護士が言っている」

もともと関心がなかったのだが、無罪と聞いてにわかに興味がわいた。おりしも足利事件の再審が世間を騒がせていた。冤罪に対する世間の関心は高い。ネタになる、と反射的に思った。

知人と会った翌日、わたしは主任弁護人である副島洋明《そえじまひろあき》弁護士の事務所に電話をかけ、応答した事務員に言った。

「東金事件のことで話を聞かせていただけませんか」

「個別の取材には応じていません」

事務員は答えた。

「記者会見などはされないんですか」

「わかりません。やる場合は連絡します」

何日かして事務員は約束どおり連絡をくれた。それが、きょう一月二五日の記者会見の案内だった。この日、千葉地裁で「第八回公判前整理手続《こうはんぜんせいりてつづき》」という司法手続があり、その内容について説明するという。

殺人事件発生

新聞・テレビといった大マスコミにとって、発生当時の東金事件は〝大ニュース〟だった。事件がおきた翌日、二〇〇八年九月二二日付の「朝日新聞」朝刊は、一面の大見出しでこう報じている。

〈路上に五歳女児遺体／千葉東金／衣服なし　仰向け――二一日午後〇時三七分ごろ、千葉県東金市東金南公園脇で「路上に女児が倒れている」と近所の住人から一一〇番通報があった。千葉県警が調べたところ、女児は同市××、看護師T子さん（三七）の次女で保育園児の幸満ちゃん（五）で、衣類を身につけておらず仰向けになって倒れていた。発見時は心肺停止状態で、収容先の病院で間もなく死亡が確認された。県警は死体遺棄事件として東金署に捜査本部を設置した〉

他紙も「朝日」同様に大きなあつかいだ。この日の「朝日」「読売」「毎日」の各朝刊には、第一報のほか、およそつぎの情報が書かれている。

二〇〇八年九月二二日朝刊

＊午後〇時三七分に一一〇番通報。通報者は発見した男子中学生の母親。

＊幸満ちゃんの体に刺し傷やすり傷、出血、首を締められた跡などの目だった外傷はなし。死後硬直はない。救急隊員が人工呼吸と心臓マッサージをしたが搬送先の病院で死亡を確認。
＊発見場所は公園西側にある資材置き場のプレハブ小屋前。仰向けで、右手をあげ、左手は腰のあたり。頭が側溝のふたの上、足を路上に投げだす姿勢だった。
＊「髪の毛は雨にぬれていて、血や泥は体についていなかった」と発見直後の目撃者。
＊午後〇時一〇分ごろに住民が現場を自転車で通ったときは異変なし。正午から三〇分たらずの間に遺体がおかれた可能性あり。
＊遺体発見場所から約一〇〇メートルはなれたマンション駐車場で、紺色半袖シャツ、黒っぽい半ズボン、パンツ、黒色運動靴を捜査員が発見。衣類に破れなどはなかった。
＊衣類と靴は幸満ちゃんのもので、二つのレジ袋につめられ、一ヶ所に押しこんで隠すようにおいてあった。袋の口はしばられていた。
＊幸満ちゃんは母のT子さんと二人ぐらし。自宅は現場から約一キロはなれたマンション。
＊母T子さんは看護師で、遺体発見現場から三三〇メートル先の金東クリニック（仮名）に勤務。院長はT子さんの父親。
＊幸満ちゃんは母T子さんとともに前日夜、金東クリニックに行き、宿泊した。事件当日、T子さんは夜勤明けだった。
＊二一日朝、「保育所の友だちのところに行く」と言って幸満ちゃんは金東クリニックをでた。

＊「保育所の友だち」の家は病院から徒歩で行ける距離。幸満ちゃんは数度行ったことがある。友だち一家は留守だった。
＊二一日午後四時半、T子さんは「子どもがいなくなった」と警察に届けでて遺体を確認。
＊幸満ちゃんは活発。防犯パトロールで四〇分歩いたことがあるが元気だった。
＊カエルの鳴き声がすると「かえるのうた」をうたった。元気、無邪気でひとなつこい。保育所ではいろんな話をする。リーダー的存在だった。
＊自転車にのるのが大好き。近所の人が「気をつけて」と言うと「大丈夫、ちゃんと気をつけてる」と答えた。

窒息死の疑い

ひきつづき新聞各紙の報道をみていきたい。二二日の夕刊だ。

二〇〇八年九月二二日夕刊

＊幸満ちゃんの足に汚れや傷はなし。
＊現場は目だちやすく、見られずに服を脱がせるのは困難。何ものかに連れ去られて屋内で殺害され、車で運ばれて遺棄された疑いがある。

＊二一日の幸満ちゃんは、午前九時すぎまで病院内で過ごし、午前一〇時から一一時ごろ外出した。
＊発生時間が目だちやすい昼であること、現場が国道にちかいことから死体遺棄には車をつかったとみられる。
＊幸満ちゃんの口元周辺に嘔吐物、爪の間に微物がある。採取して調査中。

二三日の朝刊は、三紙そろって社会面トップで司法解剖の結果を伝えている。

九月二三日朝刊

＊千葉大学で二二日、司法解剖を実施。目に溢血点《いっけつ》※あり。手や布団、やわらかいタオルなどで鼻や口をふさがれたことによる窒息の可能性がたかい。
＊薬物などによる死亡の可能性もあるとして、尿や血液の検査をおこなう方針。
＊頭部・胸部・腹部・内蔵に大きな損傷なし。抵抗のあともない。胃内容物から、昼食はとっていないとみられる。

※溢血点　窒息などによってできる点状の内出血。

また、つぎの情報も伝えられている。

＊衣類と靴の入った二つのレジ袋は、車の下に隠すようにおかれていた。
＊発生当時ははげしい雨がふっていた。タイヤ痕や足跡の発見はむつかしかった。

「読売」は「発見三〇分前、病院内に」と題して幸満ちゃんの足どりを報じている。

＊遺体で発見される約三〇分前の二一日正午ごろ、病院内に幸満ちゃんがいるのを複数の病院関係者が目撃。事務室に一人でやってきて、ひとなつこい笑顔をふりまいた。
＊午前一〇時四〇分ごろ、病院ちかくの路地で、病院の方向に歩く幸満ちゃんを近所の男性が目撃。友だち宅が留守だったため病院にもどったと捜査本部はみている。

二四日は、「朝日」が朝刊で幸満ちゃんの足どりを報道。「読売」の後追いだろう。

九月二四日朝刊

＊「正午ごろには（幸満ちゃんが）病院にいた」と病院関係者が千葉県警に証言。当日は日曜で午後は休診だった。閉院直前に「まだお母さんの仕事おわらないの？」と幸満ちゃんが病院関係者に話しかけてきた。
＊母T子さんは夜勤明けだったため、幸満ちゃんが遊びにでるのを見送ったあと、病院内の一室で

仮眠。午後四時ごろ目をさまし、いなくなっているのに気づいた。

この日の各紙には、被害者の衣類と靴の写真が次の説明とともに掲載されている。

＊県警によると、衣服と靴は、二つのレジ袋に分けて入れられ、停めてあった車の下に隠すように押しこめられていた。半そでシャツ、半ズボン、下着、黒の運動靴は、ぬれた状態だった。

中学生の目撃

二四日の「毎日」夕刊は、目あたらしい話として遺体のアザにふれた記事を掲載している。

九月二四日夕刊

＊幸満ちゃんの左腕に強くつかまれた際にできるようなアザと血痕があることが、捜査本部の調べで判明。周辺に少量の血液。死亡直前にできたとみられる。

翌二五日付「毎日」朝刊は、正午すぎに幸満ちゃんが路上で目撃されたという新情報を掲載した。

九月二五日朝刊

＊二一日正午すぎ、衣類などがみつかった駐車場そばの路地を幸満ちゃんが一人で走っていたという、顔見知りの女子中学生の目撃情報。路地付近で屋内や車につれこまれ、直後に殺害された可能性があると捜査本部はみている。

二六日の「読売」夕刊は、服と靴がマンション駐車場で発見された状況について詳しく報じている。

九月二六日夕刊

＊二つの袋が発見されたのは二一日午後二時半すぎ。捜査中の警察官が見つけた。

＊袋のひとつは車の助手席側に、もうひとつは後部トランクの下におかれていた。助手席側の袋は道路から見える状態だった。

＊衣類の入れかたは乱雑で、犯人があわてて処分した可能性があると捜査本部はみている。

二八日付「朝日」朝刊は、幸満ちゃんが正午直前に病院内で目撃されたという既報について、これを打ち消す記事をのせている。

九月二八日朝刊

＊事件当日の午前、母T子さんの勤務先である金東クリニックで幸満ちゃんの無事が確認されているが、病院内での有力な目撃情報は午前一一時すぎが最後だという。

しかし「読売」は、「〈空白の三〇分〉詰め急ぐ」という見出しで、正午前に幸満ちゃんが目撃されたとの情報を引きつづき報じている。

＊二一日午前一一時すぎ、病院の事務室に幸満ちゃんが顔を見せ「お母さんはまだ仕事おわらないの」と職員にたずねた。その後正午前までに複数の職員が病院内で見かけている。

「毎日」は、遺体が発見された二一日午後〇時二六分の時点でまだレジ袋はすてられていなかった可能性があるという捜査本部の分析を報じている。

＊袋はマンション駐車場の車の下で、無造作に投げすてられたような状態で見つかった。周辺住民への聞き込みから午後〇時半ごろにはまだレジ袋はなかったらしい。「車の下に何かあればすぐに気づく。何もなかったとおもう」と住民。

＊遺体がみつかって周囲が騒がしくなったため、現場ちかくにいた犯人があわてて服と靴をレジ袋につめ、逃走途中にすてた可能性もあると捜査本部はみている。

男逮捕へ

以後しばらくの間、目だった報道はなくなる。情報提供をもとめるチラシを配布したといった記事があるくらいで、捜査の難航をうかがわせる。ふたたび紙面が騒がしくなるのは約二ヶ月後の一二月六日からだ。

この日の朝刊は「読売」と「毎日」がそれぞれ一面の大見出しで「現場近くの男　聴取へ／今日にも遺棄容疑で」「〈裸の女児運ぶ男〉／捜査本部に目撃証言」などと報道。夕刊は全紙が「男逮捕へ」という派手なあつかいの記事を一面と社会面に大展開した。

〈…東金署捜査本部は六日朝、幸満ちゃんの遺体が発見された現場の近くに住む無職の男（二一）が事件にかかわった可能性があるとして、任意同行を求め、死体遺棄容疑で事情聴取を始めた。容疑が固まり次第、逮捕する。県警は同容疑で男の自宅の家宅捜索を進めている〉（朝日）

もっとも、見出しは派手だが「逮捕へ」という以外に内容はとぼしい。目にとまるのはせいぜい次の話である。

＊捜査関係者によると、レジ袋からは複数の指紋が検出されていたが、一部が男のものと一致した。
＊男はこれまでの捜査に対し、事件前後は「図書館に行っていた」などと答えていた。しかしそうした事実は確認されなかった。

また一二月六日から七日にかけて各紙は「男」（勝木氏）と記者との会話を掲載した。九月から一〇月にかけて取材したと説明されている。逮捕にそなえてインタビューしていたのだろう。まず朝日新聞記者とのやりとり。

――事件当日に何か見ましたか。
勝木　何も見ていない。
――事件当日どう過ごしていたのか。
勝木　朝九時から閉館まで図書館に行っていた。
――いつも図書館で過ごしているのか。
勝木　はい。今日も行っていた。
――事件から一ヶ月がたつが、それ以前の不審者情報などで思い出したことはあるか。
勝木　特にない。
――警察は何回来て、何を聞かれたのか。

勝木　何回か来たが覚えていない。聞かれたこともよく覚えていない。
――「不審者を見なかったか」などか。
勝木　そう。
――事件から一ヶ月がたつが、捜査が進展していないことについてどう思うか。
勝木　まあ一応、怖いですけどね。

つぎは毎日新聞。

――事件当日、何をしていたか。
勝木　朝九時すぎから午後三、四時まで図書館にいた。
――その後図書館を出たりはしていないのか。
勝木　出ていません。ずっといました。
――帰宅は。
勝木　午後三、四時ごろ。
――それ以降は。
勝木　テレビを見たり、借りてきた本を読んだり。
――家は出ていないのか。

勝木　出ていない。
――遺体は見ていないか。
勝木　見ていない。
――事件直前の幸満ちゃんらしい女の子が歩いているのとかは。
勝木　見ていないです。
――幸満ちゃんを知っているか。
勝木　知らない。
――このマンションの駐車場で幸満ちゃんの衣服が見つかった。駐車場をのぞいてみたりは。
勝木　していない。
――仕事は。
勝木　今はやめた。
――前は何の仕事をしていたか。
勝木　布団関係。
――いつやめたか。
勝木　九月下旬。つい最近。
――何年勤めたか。
勝木　五、六年。

――どうしてやめたか。
勝木　仕事がきつくて。

そして読売新聞である。

――幸満ちゃんを知っているか。
勝木　見たこともないし、存在も知らなかった。
――事件当日は何をしていたか。
勝木　午前九時から午後三時まで図書館にいた。夕方に帰ったら、家の周りが騒がしくなっていて、そこで初めて事件のことを知った。
――不審者を見たか。
勝木　ないです。警察の人も家に（聞き込みに）来たけれど、警察には、お母さんが対応しているので、僕は会ってません。
――近所で凶悪な事件が起き、不安などはないか。
勝木　いつも静かなところに警察やマスコミがたくさん来て、ストレスも感じたが、少しずつ大丈夫になってきました。亡くなった女の子がかわいそう。一日も早く解決してほしい。

勝木氏逮捕

一二月七日の朝刊は、それまでもっとも大きなあつかいとなった。「〈女の子抱えて捨てた〉／二一歳男を逮捕」などの大見出しで勝木諒氏の写真を実名とともに掲載している。

〈…東金署捜査本部は、死体遺棄容疑で事情を聴いていた遺体発見現場近くに住む無職勝木諒容疑者（二一）を六日午後、同容疑で逮捕した。勝木容疑者は「女の子を抱きかかえて自室から外に出て、遺体を捨てた」と容疑を認める供述をしているという〉（朝日）

この日の紙面からは多数の情報が読みとれる。

一二月七日朝刊

＊レジ袋の指紋が勝木氏のものと一致した。
＊勝木氏は「幸満ちゃんは知らないし会ったこともない」と供述。
＊「事件当日、外で何度か幸満ちゃんと会った。ついてくるので〈帰りなさい〉と言った。一度帰ったが部屋にもどったら幸満ちゃんがいた」と供述。

＊「女の子を抱きかかえて自室から外にでて、遺体を捨てた」「女の子は気がついたら（自分の部屋で）ぐったりしていた」「衣類と靴をレジ袋に入れて自室の窓から投げたのは僕です」と供述。

＊服をどこで脱がせたかは「思いだせない」。遺体を遺棄した理由は「こわかったから」と供述。

＊服を脱がせたのか、と捜査員が聞いたら「ごめんなさい」と言った。

＊「事件当日は一日中家にいた」と話していたが、当日午前一一時にスーパー（サンピア）の防犯カメラに映っていた。午後一時ごろにも現場ちかくのコンビニ店の防犯カメラに映っていた。

＊スーパーとコンビニ店の防犯カメラに映っている勝木氏は衣服がちがう。着がえたとみられる。

＊家宅捜索で自宅室内から採取した複数の毛髪を鑑定中。

＊勝木氏の母は「犯行時間は勤務中だったので息子の行動は知らない」と供述。

＊勝木氏は逮捕前、女の子のメル友※ができたとよろこんでいた。

＊勝木氏が働いていた貸布団会社の工場長の話。「同僚のみんなが事件を信じられないと思っている。人を殺すような子じゃない。なにかのまちがいじゃないか」

＊日中は図書館などで過ごすのが目撃されている。ちかくのレンタルビデオ店に四年ほど前に入会。アニメややくざもののドラマを借りていた。

※TBS記者のこと。

つづいて八日の朝刊。

一二月八日朝刊

＊遺棄場所については「白い建物の前。鉄の棒があるところ」と具体的に説明。

＊裸になった理由や死亡した経緯についてたずねると「思いだせません」と言ったり、腕組みやひじをついて話さなくなる。

＊取調官との話のキャッチボールがなかなかできない。「（質問の意味が）わかる？」と確認しながらの聴取で時間がかかる。

＊逮捕された勝木氏は、当初ひどくおびえており事件のことはほとんど話さなかった。アニメの話などの雑談には応じていたことから、捜査員が優しく接すると徐々に話しだした。先生と生徒のような関係。

「風呂に沈めた」

一二月九日の「朝日」朝刊は社会面四段見出しで「近くで女の子の悲鳴」という目撃情報を伝えている。

一二月九日朝刊

＊事件当日、九月二一日正午すぎ、衣類がみつかったマンションの駐車場にいた女性が「ぎゃっ」という女の子の声を聞いた。悲鳴がしたのは近くの公園のほうからだった。
＊悲鳴を聞いた時刻は女性が携帯電話で話した直後。通話記録では発見時刻とほぼ同じ（午後〇時二六分）。

「風呂に沈めた」という話が初めて出てくるのは一二月一四日の「読売」朝刊だ。

一二月一四日朝刊

＊「女の子を水風呂に沈めたら動かなくなった」と供述。動機は、幸満ちゃんが泣きやまず、かっときたから。
＊勝木氏のマンションから毛髪などを押収。ＤＮＡ型鑑定をする方針。

風呂に沈めたという話は「朝日」と「毎日」が一五日夕刊で追っているが、同時に、「気づいたらぐったりしていた」との供述も伝えている。また、下着に尿が付着していなかったとも報道。

一二月一五日夕刊

＊「気づいたら（部屋で）女の子がぐったりしていた。（死亡した理由は）覚えていない」と供述。

＊県警の鑑定の結果、衣類から尿反応はなし。窒息の場合は失禁することがあるため、死亡時は裸だったと捜査本部。

そして拘留期限がきた一二月二五日、警察が死因を水死と断定し、殺人容疑で再逮捕する見通しだとの観測記事が各紙に掲載される。

一二月二五日朝刊・夕刊

＊水に沈めたのは黙らせるためだったと供述。女児の肺から少量の水がみつかっていることから、風呂に沈められたことによる水死と捜査本部は判断。殺人容疑で再逮捕する方針。

一二月二六日、勝木氏は殺人容疑で再逮捕される。二七日付「朝日」朝刊はこう報じている。

〈…県警は二六日、死体遺棄容疑で逮捕していた勝木諒容疑者（二一）を殺人容疑で再逮捕した。「殺すつもりで水につけた」と容疑を認めているという〉

同じ記事によれば、勝木氏の供述内容について千葉県警は次のような発表をしている。

犯行当時、勝木氏は自宅ちかくの路上で幸満ちゃんと会い、その後いっしょに自室で過ごした。路上で帰れと言ったが幸満ちゃんはついてきた。部屋で幸満ちゃんはマンガを読み、勝木氏はDVDをいじっていた。汗をかいていたので風呂に入った。風呂から出たあとも幸満ちゃんがマンガを読んでいたので「帰れ」と言った。幸満ちゃんは「帰らない」と言った。かっとなって殺意を抱き、抵抗する幸満ちゃんをかかえて風呂に行き、着衣のまま浴槽に沈めた。

このほか同日の新聞には次の情報もある。

一二月二七日朝刊

＊勝木氏の供述はゆれている。鑑定留置して責任能力などを調べる方針。
＊部屋にあったマンガ本などから幸満ちゃんの指紋は採取されていない。
＊「幸満ちゃんの着衣は雨に濡れたのではなく風呂に沈められたとみられる濡れかたをしていた。それが殺人容疑を適用する決め手のひとつとなった」と捜査本部。

二〇〇九年四月一七日、千葉地検は勝木氏を殺人・死体遺棄・未成年者略取の罪で起訴する。新聞が報じた起訴状の要旨はこうだ。

〈勝木被告は二〇〇八年九月二一日昼ごろ、千葉県東金市の自宅マンション近くの路上で幸満ちゃんを連れ去り自室の風呂に沈めて殺害、服を脱がせて裸にした遺体を約一〇〇メートル離れた資材置き場付近の路上に遺棄した〉

――以上が、二〇〇八年九月二一日の事件発生から翌年四月一七日の起訴まで約七ヶ月間の主な新聞報道である。圧倒的に警察発の情報が多い。二〇〇九年九月と一二月、弁護人の副島洋明弁護士が記者会見をやり、無実であるとの考えを表明しているが、二段か一段見出しの地味なあつかいだ。結果、凶悪な殺人犯だという「勝木諒」の人物像が日本中に広がり、定着した。わたしにとっての東金取材は、自分の中にある「勝木諒」像をいったんこわし、あらたに作りなおす作業でもあった。

公判前整理手続

ひといきれでむっとする記者会見場に、背広を着た中年の男性があらわれた。副島弁護士だ。赤ら顔に笑みを浮かべて副島氏は切りだした。

「きょう、第八回目の公判前整理手続が千葉地裁でありました…」

ざわめきが静まった。

「無罪であるという主張と証拠をきょうですべて出しました。弁一号証から三四号証までです。われわれは無罪一本です。責任能力とかそんなのは主張しません。犯人性がない。犯人じゃないよということが基本中の基本ですから。被告人（勝木氏）はやっていない。無罪です。被告人は殺人犯だという検察に対して、弁護側はまっこうから無罪をあらそいます」

せわしなくパソコンのキーをたたく音に混じってテレビカメラの作動音がかすかにひびく。声を出すものはいない。

公判前整理手続とはなにか。書記官の手引書によればこう定義されている。

「充実した公判の審理を継続的、計画的かつ迅速に実施することを目的に、第一回公判期日前に行う、事件の争点及び証拠を整理し、公判の審理予定を定める公判準備の手続」

簡単にいえば、公判がはじまる前に、あらかじめ検察官と弁護人、裁判官の三者でおこなう「打ちあわせ」である。導入は二〇〇五年。裁判員制度をにらんでつくられた。従来の刑事裁判であれば、弁護人と検察官は基本的に事前協議なしで公開の法廷にのぞんだ。これが「公判前整理手続」導入後は、事前の「打ち合わせ」に沿って公判がすすめられるようになった。打ち合わせといえども手続は厳密で、調書も作成される。ただし傍聴はできない。つまり非公開だ。

この非公開の公判前整理手続のなかで無罪を主張した――というのが副島弁護士の説明だった。傍聴できないのだから、副島氏の説明がなければ「無罪」も知りようがなかった。

勝木氏が起訴されたのは二〇〇九年四月一七日。公判前整理手続は通常一～三回程度で終わるのだが、勝木氏の場合は延々とくりかえされた。起訴後九ヶ月を経た二〇一〇年一月二五日の時点で八回をかぞえたが、なおも終わる気配はない。「迅速」どころではない異例の展開だった。

さて、副島弁護士によれば、勝木氏の無罪を裏づける決定的な根拠は指紋だという。

「弁一号証から弁三号証。齋藤さん（元栃木県警鑑識課員・齋藤保氏）の鑑定書と上野先生（監察医・上野正彦氏）の意見書と鑑定書、つまり指紋に関する鑑定書です」

報道によれば、幸満ちゃんの衣服と運動靴は、二つのレジ袋に入れられて勝木氏の住むマンションの一階駐車場に停めた車の下から発見された。この袋に指紋がのこっていた。そして千葉県警鑑識課が鑑定したところ、勝木氏のものと「合致」した。これを証拠として警察・検察は「犯人は勝木氏だ」と判断した。

だが、この千葉県警が出した「合致」という指紋鑑定に弁護団は疑問をいだく。そして独自鑑定をこころみた。鑑定を依頼したのが齋藤保氏と上野正彦氏。どちらも経験豊富な鑑識の専門家である。はたして、二人の鑑定結果は同じだった。

「指紋不一致。レジ袋の指紋は勝木氏のものではない――」

千葉県警の鑑定と一八〇度ことなる結論がでたのだ。

重さ一八キロの人形

指紋だけではない。無罪の証拠はまだあった。「再現実験」である。弁護団は二〇〇九年七月、東金市の現場におもむき、「犯行ストーリー」に沿って犯行を再現する実験をおこなったという。体重一八キロ・身長一〇九センチの幸満ちゃんと等身大・同体重の人形をつくり、それをつかって検察のいう拉致・殺害・遺棄が可能かどうかを検証したのである。

検察が主張する「犯行ストーリー」とはこうだ。

〈二〇〇八年九月二一日午前一一時四〇分ごろ、金東クリニックに近い路上で遊んでいた幸満ちゃんを、勝木氏は後ろから両手でかかえて連れ去り、三三〇メートル歩いてマンション三階にある自宅に連れこんだ。マンションの部屋ではアニメの話をするなどしていたが、泣きだしたため勝木氏は幸満ちゃんをだきかかえて風呂場に行った。風呂場では、左手で幸満ちゃんをかかえたまま、右手で風呂のふたを一枚一枚あけて壁に立てかけた。それから幸満ちゃんを仰向けの姿勢で風呂に沈めて死なせた。幸満ちゃんが死亡すると風呂から引きあげ、服を脱がせ、玄関にあった運動靴と別々に二つのレジ袋に入れた。袋は自宅マンションの三階窓から外にほうりすてた。それから、幸満ちゃんの裸の死体をかかえて外にでた。資材置場まで約一八〇メートルの距離を徒歩ではこび、午後一二時二六分ご

ろ遺棄した〉

　この模様を弁護団は再現した。副島弁護士自身も勝木氏の立場になって追体験したという。その感想を次のように述べる。

「体重一八キロの女児をかかえて三三〇メートルを歩く。そんなことできません。手足がしびれてしまう。体力があったとしても、肩に担ぐとか体に密着させないと三三〇メートルを運ぶことは不可能です。みなさんもやってみればわかります。死体遺棄は一八〇メートル（運んだ）。わたしは一〇メートルほどしか運べなかった」

　重くてとても運べなかったと副島氏は言うのだ。なお、当初の新聞報道では遺棄現場まで一〇〇メートルの距離となっているが、検察ストーリーではルートが遠回りになっていて、一八〇メートルに伸びている。

　副島弁護士によれば、再現実験の結果、風呂場での殺害場面についても不可能だとの感想を持ったという。

「片手で幸満ちゃんをだいて、残った手で風呂のふたを一枚一枚あけるなどというのは、被告人の体力では絶対に無理です。被告人は力がない」

　顔を赤くして副島弁護士がつづける。

「警察が実況見分やった記録がありますが、そこで使っているのは軽い綿人形です。こう片腕でだいてね…」

　左手で人形をだく格好をしてみせた。

「…脱衣場から浴槽のところまで入ってね、で、フタをとる。一枚一枚右（壁）にかける、なんてことをやっている。綿の人形で。でも僕はじっさいに一八キロの人形を使ってやってみたんです。無理です」

　勝木氏は力がない――副島弁護士はそう言って、勝木氏の通っていた養護学校高等部の先生から聞きとった内容を紹介した。

「養護学校で五〇メートルを走る運動があったんですが、被告人にとってはそれもたいへんな苦痛で〈地獄の特訓〉と呼んでいたそうです。もともと知的障害者の方は運動機能・発達機能がおくれているんですね。一般的に不器用です。いろんな意味で行動がおそい。運動が苦手。腕力がない。運動能力抜群、反射神経抜群の知的障害者というのはいないものです。勝木君の場合、自分で爪が切れない、ボタンのついた服が着れない、靴下もはけない。〈軽度の知的障害〉といわれていますが、実感はけっして軽くありません」

　養護学校を卒業後、勝木氏は貸布団会社で働いていた。そこの従業員も、「布団三枚は運べず、二枚ずつ運んでいた。一〇メートルずつ休みながら運んでいた」と話していたという。布団一枚の重さは約三キロ。二枚なら六キロ、三枚で九キロ。勝木氏が両手で物をかかえる力は六～八キロが限度という計算になる。

「体重一八キロの女の子をかかえて三三〇メートルも歩くなど絶対に不可能です。あり得ません。裁判官にこの人形をもってみてほしい。現場検証をしてほしい」

熱弁をふるう副島弁護士の前で、記者たちは黙々とメモをとっている。

供述の信用性

弁護士の説明が「供述」にうつった。

公判前整理手続で供述調書三本（検察官作成）とその様子を録画したＤＶＤ三本が開示された。調書のなかで勝木氏は「自分が犯人である」と語っているのだが、信用性・任意性に疑問があるという。

「ＤＶＤですがね、できあがった調書を検事が読んで、〈まちがいないな〉〈うん〉と言わせる箇所があるんです。それを可視化（取り調べの録画・録音）の一部だとして出してきました。その中でおもしろいことがいっぱいでてきた。だから一部であっても可視化はだいじです」

この供述やＤＶＤの分析と鑑定を弁護団は複数の専門家に依頼した。そのひとりが岐阜大学医学部の高岡健准教授だ。高岡准教授は「供述は任意性・信用性を欠く」と結論づけた。鑑定の要旨を副島弁護士が説明する。

「勝木君は〈黙秘権《もくひ》〉という意味がわからない。ＤＶＤの中で、検事が〈（黙秘権について）覚えとってくれ〉と言っている。そうやってくりかえし説明しても、〈なんだったたっけ〉と。わかんないわけだ。黙秘権をはじめ自分の罪状や刑罰、たとえば殺人罪がどういうことなのかが彼には理解できない。そういう理解できていない様子がいちじるしく出てくる。供述調書やＤＶＤのなかにね。だから彼には訴訟能力がそこなわれている、自己防御能力がない。また、取り調べにおいて、ことさらに〈勇気〉とか〈プライド〉とか〈がんばって〉とか出てくる。〈ほめてもらいたい〉という言葉が彼の言葉として出てくるんですよ。〈ボクはがんばった。だから検事さんにほめてもらいたい〉と。こういうことがＤＶＤの中にちゃんと入っている。検事もしまったと思ったでしょうがね。ついそういう言葉が出てくる。こういうのは被告人のような知的障害者にとってはまさに心理的報酬である。…供述調書とＤＶＤの内容にはいちじるしく問題がある。任意性・信用性がない…」

ほめておだてる。そんなことを取調室でやっていたという。きびしい取り調べで虚偽の自白を強要する――冤罪というとそんな考えしか持っていなかったわたしには新鮮な話だった。

つぎに副島弁護士は、国立武蔵野学院・富田《とみた》拓《ひろし》医師の鑑定について説明をおこなった。富田医師は犯罪精神医学と供述分析の専門家だ。

「精神遅滞者・知的障害者特有の〈展望的な供述特性〉――効果的に、ある方向性を持つような供述への誘導・教示・励まし――がみられる。たとえばほめる。自分たち〈取調官〉に合った供述に合うとほめる。そして合わないと〈勇気をもて〉とかいう。そういう形で供述を取っている。ビデオの中にも出てくる。〈勇気をもて〉〈勇気がある〉〈よくがんばった〉。そういう心理的な報酬ってのがみられる」

「心理的報酬」という言葉がここでも出てきた。そのうえで、富田鑑定では「認否型の質問」が問題視されているという。

「認否型の質問が大半を占めている。オープンな質問、〈何があったの？　自分の言葉で言ってみなさい〉というオープンな質問はほとんどない。〈やったの？／やってないの？〉〈はい／いいえ〉。そういう質問がほとんど。知的障害者である被告人には明らかに不適切な供述の取りかただ。結論として、供述の信用性と任意性にはいちじるしく問題がある」

供述鑑定に関する説明がさらにつづく。勝木氏の供述には虚構や想像が混じっている可能性がある——そう指摘したのは、湯汲英史《ゆくみえいし》・早稲田大学教授と高木光太郎《たかぎこうたろう》・青山学院大学教授の二人だ。

「論理的会話は困難」

まず湯汲鑑定について副島氏が説明する。

「かれ（勝木氏）の言語、コミュニケーションに関する能力についてですが、かれは自分が話す内容がその都度変化することについて平気である。嘘をついているというよりも精神的な未熟性、精神的におさないことが理由にあげられる。表面上は会話が成りたっているようにみえて、じつはわかっていない。論理的で整合性のある思考や会話をすることがたいへんむつかしい。——そういう鑑定です。鑑定においてはすべての供述調書とＤＶＤを見てもらいました」

そして高木光太郎氏の鑑定だ。
「被告人の供述は自分の体験を適切に反映していない。尋問者由来の情報や勝手な自分の憶測・情報が混入している疑いがたいへんたかい。取り調べの本来の目的と、被告人の応答との間にはいちじるしい乖離《かいり》がある。その乖離をそのままにして取り調べがおこなわれている。被告人の供述を、自分自身の記憶にもとづく体験の説明と理解することはたいへん不適切である。——」

以上、四人の専門家による供述鑑定の要旨をまとめると、つぎのとおりとなる。

①「黙秘権」などの言葉が理解できない。訴訟能力がない。
②「ほめる」などの心理的報酬をあたえたり、「勇気をもて」といった励ましがみられる。
③やったのか、やっていないのか、という認否型の質問がおおい。
④論理的で整合性のある会話ができない。話が変化することに平気である。
⑤供述は自分の体験を反映していない。尋問者からの情報や憶測が混入している可能性がたかい。
——よって、犯行を自供した供述調書に信用性・任意性はない。

ここで副島弁護士は「取り調べメモ」にふれた。検察側が開示してきた供述調書は三本。だが、ほかに多数の取り調べメモがあるはずだと弁護団はかんがえ、すべて開示するよう公判前整理手続で要求した。しかし検察側はこう答えたという。

「破棄した」

勝木氏の自白調書がどういう経緯をたどってつくられたのか、これではわからない。

「破棄したというのなら、どういうことで破棄したのか。取り調べメモがない取り調べなんてありえない。じゃ意図的に破棄したのか。だれが指示して破棄させたのかきちんとしろ。きょう（一月二五日）のやり取りでそう言いました。しかし検察は〈言う必要がない〉〈ないものはない〉と。裁判官も〈それは仕方ない。ないんだから〉と言っていました。それですむのか。弁護士として納得がいかない」

副島弁護士はまくしたてるように言った。徹底的に検察とあらそう覚悟だ――会見場にいただれもがそう思ったにちがいない。

逮捕手続めぐる疑問

記者会見がはじまって一時間ちかくがすぎた。テーマが「逮捕」にうつった。逮捕手続に不審な点があるという。時系列を副島弁護士が説明する。
①二〇〇八年一二月五日　勝木氏の逮捕令状請求（死体遺棄容疑）が東金署から八日市場簡裁に対

してなされる。令状請求書には「レジ袋の指紋と勝木氏の指紋が合致した」と記載。
② 一二月五日　八日市場簡裁が逮捕令状を発行する。
③ 一二月六日午前、東金署が勝木氏を任意同行。同日午後、逮捕状を執行して逮捕する。その後指紋採取。
④ 一二月九日　逮捕後に採取した指紋を千葉県警鑑識課が鑑定。結果は「レジ袋の指紋と合致」。
⑤ 一二月二六日　東金署は殺人容疑で勝木氏を再逮捕する。

逮捕の根拠は「指紋合致」である。しかし、弁護団の鑑定では「不一致」と出た。つまり、二度にわたる逮捕の根拠がまちがっており、正当性をうしなう。それが副島氏の指摘だ。

そもそも、一二月五日に逮捕令状を請求する際、東金署はなにを根拠に「指紋合致」と記載したのか。この点があきらかにされていないという。

「逮捕したとき、令状の請求書にそう（指紋が一致したと）記載しているわけですから、その裏づけの資料、疎明資料を出せとわれわれはずっと言ってきたんですよね。指紋が一致したという証拠はなにかと。けれども出さない。検討中というだけです。指紋が一致したからといって逮捕して、そこで指紋をとって照合した。それがわれわれの鑑定では別人の指紋だった。そういう鑑定書をわれわれは出したわけでしょう。じゃ、なんですかこの逮捕状は、ということになります。まさか裁判所をだまして…いや警察も検事もそこまでのムチャはやってないとは思いますが」

副島氏は赤い顔で話しつづける。

「検察のいう犯行態様についてはいろいろ不審点があります。死因も溺死と断定しているわけではない。殺害現場である被告人の自宅は、三日間の捜索で六千本の毛髪を採取したが、その中に被害者のものは一本もなかった。被害者が部屋にいたという事実がない証《あかし》です」

幸満ちゃんは部屋にいなかった——副島弁護士の口調は自信にみちていた。

最後に副島氏はマスコミ報道への批判を口にした。

「被告人には事件の一ヶ月前から会社（貸布団会社）にいかなくなった。いじめられたとかでやめた。で、昼からぶらぶらしていた。父親は癌《がん》で入院中。母親は仕事で家にいない。髪もヒゲも伸び放題。ヒゲは自分でそれない。それで〈おかしな風体の人間〉がいると不審者情報がながされ、マスコミと警察にねらわれた。マスコミのみなさんには報道した責任があると思うんですね。指紋が一致したからこの勝木諒くんは犯人だ、と大々的にやったわけだから。だからみなさん、これまで報道したことも含めてこの問題やってください」

会見終了後、副島弁護士のまわりに記者があつまり、かわるがわる一八キロの人形をもちあげた。わたしもかかえてみた。

いずれ足利事件のような大ニュースになるのではないか——ズシリとした重みを腰にかんじながら、そんな予感がした。

事件現場へ

記者会見から一週間後の二〇一〇年一月三一日、わたしは事件現場にむかった。大網駅で乗りかえた単線列車は、のどかな冬の田園地帯を抜け、やがて、ひとけもまばらな東金駅へすべりこむ。

さびの浮いた跨線橋《こせんきょう》の上から街を見わたすと「サンピア」とかかれた大看板が目にはいった。事件現場にちかいショッピングセンターだ。新聞記事では「スーパー」と表現されていた。建物は古い。壁のペンキがはげ、ひびわれがしている。

駅からサンピアまでは徒歩で数分の距離だった。日曜日の日中にもかかわらず店内は閑散としている。「防犯カメラ設置」の表示に気づいて天井をみあげると、ちいさなカメラがこちらをにらんでいた。万引き対策なのか、カメラはいくつもある。このどれかが勝木氏をとらえたらしい。

「公園通り」と表示された大通りにでて周辺を歩く。金東クリニック、ツルハドラッグ、公園、勝木氏のマンション、衣類と靴が発見された駐車場――事件に関係する場所は簡単にみつかった。幸満ちゃんが遺体で発見された現場もすぐにわかった。資材置き場の一角に花が飾られていた。雨よけのビニールシートの中に色あせたぬいぐるみが座っている。

遺体発見現場に手を合わせると、わたしはノートにメモしてきた「検察ストーリー」を読みかえした。

二〇〇八年九月二一日。むしあつい雨模様の日曜日だった。幸満ちゃんは前日から病院に泊まっていた。母T子さんも夜勤明けで病院にいた。朝九時、祖母といっしょに幸満ちゃんは町内の清掃にでかけた。いったんもどり、一〇時ごろ、幸満ちゃんは「友だちのところに行く」と病院をでる。しかし友だち一家は不在で、引き返した。幸満ちゃんが病院に帰っていることを一部の職員は知っていたが、T子さんは気づいていない。

幸満ちゃんが事件にあったのは午前一一時四〇分ごろ。病院にちかいツルハドラッグの駐車場で、背後から接近した勝木氏がハンカチで幸満ちゃんの口をおさえ、だきかかえて三三〇メートル自宅マンションまで連れてゆく。

この筋書きに沿ってわたしはもういちど歩く。最初は金東クリニックだ。サンピアからほどちかい場所で、公園通りに面している。車が頻繁《ひんぱん》にとおる。人の往来もとぎれることがない。つぎにツルハドラッグ付近。この辺も人がおおい。

つづいてマンションまでの道中である。両脇に戸建住宅がならんでいて声や物音がよくひびきそうだ。ものの五～六分で白いマンションがみえてきた。カメラとノートの入ったリュックを背負って歩くだけだから苦痛はない。だが体重一八キロの女児をかかえながらとなると別だろう。五キロの米三袋、あるいは四袋を腹の前にかかえて歩けるだろうか。ましてや相手は人間である。この道を、周囲に気づかれずに運ぶのは至難の技のように思えた。

マンションの一階の入口は二重構造になっていた。ガラス戸をひとつ開けると小さな玄関フロアがあり、その奥にもうひとつ暗証番号で施錠されたガラス扉がある。

一つめの扉をくぐり、二つめの扉の前で勝木氏は幸満ちゃんを片手でだきなおし、残った手で暗証番号を押してマンションに入ったとされる。その心理をわたしは犯人になったつもりで想像した。

いましがた一八キロの女児をかかえて三三〇メートルの距離を運んできたばかりだ。手や足や背中がくたびれている。さいわい人に気づかれることはなかった。暑い。雨と汗で体はぬれている。しかし、もたもたしているとみつかってしまう。早く自宅に入らなければならない。力をふりしぼって幸満ちゃんを片手にだきなおし、残りの手で暗証番号をおす。開錠してロビーに入る。だれもいない。エレベータに乗る。住民と出くわせば犯行はバレてしまう。さいわいみつからなかった。自室へと急ごう――。

休みのない肉体労働でかなり疲れていたはずだ。その腕で一八キロの女児を片手一本でだくことなどできたのか。少なくともわたしには自分でそれをする自信がなかった。

検察ストーリーの不思議

マンションの裏側にまわった。外壁に取りつけられた廊下がよく見える。女児をかかえて自宅にゆくにはこの廊下を通らなければならない。つまり建物の外から見られる危険があった。幸満ちゃんが声をだせば外に聞こえるだろう。だがマンション周辺の住民に、目撃したとか声をきいたといった証言はない。犯人にしてみれば運がよかったというほかない。

マンションを見あげながら、わたしは検察ストーリーのつづきを頭の中でたどった。

三階廊下を歩いて自宅ドアの前にきた勝木氏は、もういちど幸満ちゃんを片手でだき、のこった手で鍵をあけて家にはいる。時刻は正午ごろ。そして家の中で「アニメの話をした」。

だきかかえて拉致してきた女児と「アニメの話をした」。ここがよくわからない。幸満ちゃんは、さわいだり、あるいは泣いたりしなかったのだろうか。「拉致」と「アニメ」がつながらない。

また、当日の天気のことを考えてみても釈然としない部分があった。新聞によれば、午後から雨が強かったという。すると、勝木氏も幸満ちゃんもずぶぬれになった可能性がある。雨だけではない。勝木氏は汗を相当かいたはずだ。雨と汗にまみれた状態で家にはいったとすれば、タオルで汗を拭いたとか、着がえたといった話があってもよさそうだ。しかしそういった状況は検察ストーリーから読みとれない。

もっとも逮捕直後の報道には、勝木氏が帰宅するなり風呂にはいり、服を着がえたとある。

〈…犯行当日、勝木氏は自宅近くの路上で幸満ちゃんと会い、その後、一緒に自室で過ごしていたという。女児はマンガを読み、勝木容疑者はＤＶＤプレイヤーをいじっていた。外出して汗をかいていた勝木容疑者はその後、風呂に入った〉（二〇〇八年一二月二七日「朝日新聞」）

だがこの話も、起訴されるころには消滅してしまった。

二人は雨と汗にぬれたまま部屋にいたのだろうか。想像をめぐらせながらストーリーの先にすすむ。

泣きだしたことがきっかけで、勝木氏は幸満ちゃんをだきあげて廊下に連れていき、そこで「バカ」と連呼されて逆上、「暴走モード」になった。そして、だいたまま風呂場にいき、湯船に沈めて殺した。

これが検察による殺害状況である。幸満ちゃんは活発でしっかりした子だった。おとなしく殺されたとは思えない。激しく抵抗したのではないだろうか。しかし悲鳴や物音を聞いたという証言はない。

つづく殺害後の場面はこうだ。

風呂に沈めて殺したあと、勝木氏は幸満ちゃんの服をぬがせた。そしてタオルで体を拭いた。遺体の水滴を拭いて発覚をふせごうとしたのである。

性的ないたずらをした形跡はない。勝木氏の自室にあった本やＤＶＤにもわいせつな内容のものはなかった。水滴を拭くために脱がせたというのは理解しがたい。
検察によれば、さらにその後、証拠隠滅をはかったとされる。

玄関の靴とともに服を二つのレジ袋に入れ、三階の窓から外に投げてすてた。

わたしは服と靴が発見されたマンション裏の駐車場に回った。車が停まっている。事件当日も車が停まっていた。服と靴がはいった二つの袋はその車の下からみつかっている。ひとつは後部トランクの下、もうひとつは助手席側の後ろタイヤの前あたり。上から投げたものがどうやれば真下にある車の下にはいるのか。合点がいかない。車の天井に落ちるか、あるいはもっと遠くに落ちるような気がした。

そして検察ストーリーの最後、死体遺棄の場面である。

殺害と衣類・靴の投棄をおえた勝木氏は、裸の幸満ちゃんをかかえて外にすてにいく。資材置場まで一八〇メートルの道のりを歩いた。

マンションから資材置き場までの道中も民家がひしめいている。ときおり車がとおる。そこを、裸の女児をかかえて歩き、すてた。大胆きわまりない。しかし見とがめた者はいない。

一一時四〇分から一二時二〇分ころまで約四〇分間にわたる緊張と重労働がこうして完結した。肉体的・精神的に疲労困憊《こんぱい》したはずだ。ところが、勝木氏は風呂にはいって服を着がえ、平然と友だちと遊びにでかけている。

遺棄直後の一二時二六分、遺体は発見された。犯行はなぜ見つからなかったのだろうか。腑に落ちなかった。

映っていなかったカメラ

マンションの入り口にもどると、管理人らしい年配の男性が植木の水やりをしていた。

「こんにちは」

わたしは声をかけた。マスコミ嫌いになっているのではないかという心配をよそに、男性はおだやかに振りかえった。

「勝木さんは女の子をかかえてここから入ったということですか」

「そうらしいですなあ。防犯カメラには映っていなかったらしいですが」

「防犯カメラ？　カメラがあるんですか」

「ええ」

マンションにカメラがあったとは知らなかった。

「どこですか」

「あれですよ」

管理人の男性は頭上を指さした。玄関の真上付近に小さなカメラがあった。

「映っていなかったんですか」

「警察が来て聞いていましたけどね。カメラが回っていなかったらしい」

検察ストーリーにしたがえば、犯行中、勝木氏は都合四度にわたってマンションの玄関をとおった計算になる。

①幸満ちゃんをだきかかえてマンションに入り、
②つぎに裸の死体を持ちだし、
③ふたたび自宅にもどり、
④入浴して着がえたあと、ふたたび外出した。

そのいずれの姿もカメラに映っていなかったという。

東金に来たついでに東金警察署まで足をのばすことにした。記事に使えるよう庁舎の写真を撮ってきたかったからだ。道をたずねながら二〇分ほど歩くと田園の中に真新しい建物が姿をあらわした。

路上からシャッターを数枚きったところへパトカーが通りかかり、制服警察官二人が降りてきた。

「何をしているんですか」

「取材です」

「報道？」

「はい」

「どちらの？」

「言わなきゃいけないんですか」

「いや報道ならあるでしょ…読売さんとか」

「読売さん」と会社にさんをつけて警察官は言った。わたしは逆に質問した。

「これは職質（職務質問）ですか？　敷地の外から庁舎を撮っているだけですが。問題ありますか」

「不審者とかいろいろあるので…」

警察官は口をにごした。別にかくすことでもないと思い、取材の意図を説明した。

「率直にいいますとね、東金署の捜査のありかたについて取材しているところです。東金の五歳の女の子の殺人事件。あれで指紋のことが問題になっていますね。もし副署長でも取材に応じていただけるなら今からでもおねがいしますよ」

「もういいです。報道のかたということがわかれば。もういいです」

あっさりと警察官はひきさがり、車にもどった。

明らかに別人の指紋

東京にもどって一ヶ月後、冷えこみがきびしい三月の初旬の某日、わたしは宇都宮市を訪ねた。レジ袋の指紋を鑑定した齋藤保氏に会うためである。齋藤氏は栃木県警の元鑑識課員で、多くの指紋鑑定にかかわった経験をもつ。退職後は「齋藤鑑識証明研究所」という民間の鑑定所をつくり、鑑識鑑定士として再審請求などさまざまな鑑定依頼に応じている。

小ぎれいに整頓《せいとん》されたあかるい事務所で、齋藤氏は笑みをたたえながら説明をはじめた。

「一二点合致という言葉があります。日本の警察がきめた指紋鑑定基準なんです。つまり二つの指紋が同じものであると判断するためには一二個の特徴点が一致しなければならない。そういう基準です」

一二点合致——耳慣れない言葉である。首をかしげていると、齋藤氏が「指紋鑑識」と題された一つづりの文書を取りだして見せた。発行者は警察庁刑事局鑑識課。そこに「一二点合致」のくわしい説明があった。

〈皮膚紋理鑑定基準を一二点とした根拠〉

我が国では、二つの指紋（掌紋）が同一であると鑑定するためには、一二個の一致する特徴点を指摘することになっている。これは、経験則と統計的な手法による理論的裏付けに基づいている。

1　経験則

警察が指紋制度を導入してから九〇余年を経過しているが、この間において、一致すべき特徴点の数を一三個以上必要とした府県警察がなかった。

2　統計的な手法による理論的裏付け

文部省統計数理研究所の協力を得て、二つの指紋の一致を証明するために必要な特徴点の数を次の方法により算出した。

警察庁がコンピュータシステム（旧システム）に登録した当時の一指指紋分類方式においては、指紋の中心部四ミリ円内から六個の特徴点（隆線の端点、分岐点、短線、点、島形線）を抽出、登録していた。その、旧システムに登録した百万指の特徴点を利用し、一致する特徴点が一個だけの場合は百万指中幾つあるのか。さらに、一致する特徴点が二個から六個までの場合を順次実測した。その結果、六個の特徴点が全て一致する指紋は百万指中三一指あることが確認されたほか、特徴点の一致する数が増えるに従って一致する指紋の数は減少していくことも判明した。

しかし、特徴点が七個以上一致するものは実測ができないため、特徴点六個までによる減少割合を数式化し、この数式により特徴点が七個以上一致するものについて算出したところ、例えば、一千億人（一兆指）の鑑定をした場合、特徴点が一二個合うものについては同一と鑑定を下したとしても一〇〇パーセントの確率であるとの結論であった。

この値は、理論的計算値ではあるが、仮に世界の人口を約六〇億人としても（昭和五四年当時の世界の人口は三七億人）特徴点が一二個合う指紋は同一（一致）であるといえる。

このことから、皮膚紋理鑑定基準を一二点としたものである。

ちなみに、諸外国の状況についてみると、スイス、ドイツ及びアメリカが一二点、イギリスは一六点となっている。

わかりやすくいえば、こういうことらしい。

〈指紋には渦巻きや線の形など複雑な特徴がたくさんある。それらの特徴点のうち一二ヶ所が一致したとき、はじめて二つの指紋が同じだと判断してよい。一一ヶ所が同じというだけでは「別人の指紋」となる――〉

問題のレジ袋の指紋について齋藤氏が言う。

「弁護団から鑑定依頼をうけたのは、勝木氏の左手母指と左手掌紋《しょうもん》とされるレジ袋の遺留指掌紋です。掌紋は不鮮明で鑑定不能。左手母指の指紋は、ぱっとみてわかるほどちがいはあきらかでした。警察の指摘した一二個の特徴も、一見すると似ているけども詳細にみるとすべてちがいます。一一点が一致しても一個がちがえば別人ということですが、今回は一致した特徴点は一点もありません。一〇回鑑定すれば一〇回とも〈不一致〉という鑑定結果になるとおもいます」

ちがいはあきらかだと齋藤氏は断言した。ちなみに監察医・上野正彦氏の鑑定も「不一致」となっている。千葉県警だけが「合致」だという。科学的な分析がこうもことなるものなのか。奇妙な話だった。

「毒樹の果実ですよ」

齋藤氏がまた聞きなれない言葉をつかった。

「デュープロセス、法的な手続の問題です。指紋が一致しないのであれば、指紋一致を根拠にした逮捕自体が違法になる。違法な手続で収集した証拠はすべて違法収集証拠になる。そういう意味です。仮に、逮捕の根拠にした指紋がちがっているにもかかわらず勝木氏が真犯人だとすれば、まったくのまぐれということになりますがね」

「指紋合致せず」という鑑定結果に齋藤氏は絶対の自信をもっていた。

おもしろくなってきた──わたしは興奮をおぼえた。

主任弁護人が辞任

東京の自宅に帰ると雑誌『冤罪ファイル』の原稿にとりかかった。弁護団からはその後、あらたに記者会見をやるという連絡はなかった。しかし、「無罪」を徹底的にあらそう方針に揺らぎはないと信じていた。

報道関係の知人から電話があったのは四月某日、校了直前でゲラの点検をしていたときだった。とまどった様子で知人は言った。

「副島弁護士が辞任したらしい」

予期せぬ話にわたしは言葉をうしなった。

「副島弁護士が勝木の弁護人をやめたらしい」

「なぜ」

「わからん」

すぐに弁護士事務所に電話をかけ、事務員にたしかめた。

「副島弁護士は辞任したんでしょうか」

「そうです」

「理由は」

「いまは言えません。追って説明するとおもいます」

もうしわけなさそうに事務員は言った。

電話をきると、わたしは『冤罪ファイル』の編集者に連絡して、かろうじてつぎの一文を原稿の最後に押しこんでもらった。

〈なお、本稿校了直前の四月下旬、副島洋明弁護士が辞任していたことがわかった。事務所は「追って（事情を）説明したい」としている〉

おさまりの悪い記事になった。

第2章　証言の迷路

途絶えた情報

副島弁護士が辞任して以降、ぱたりと情報が入らなくなった。弁護人・検察官・裁判官の三者による公判前整理手続が、なおもくりかえされていることだけは新聞記事からわかった。ただし内容は不明。わたしはたびたび千葉地方裁判所に電話をかけてはきいた。

「勝木諒さんの公判は、いつひらかれるのですか」

「わかりません」

千葉地裁総務課広報担当の男性はきまってそう答えた。

「見とおしは」

「わかりません。公判前整理手続をしているところですので…」

「その整理手続の内容は教えてもらえるんでしょうか」

「非公開の手続ですので…、具体的な中身は申しあげることはできません」

先に述べたとおり、公判前整理手続は傍聴できない。弁護団からの情報が遮断《しゃだん》されたいま、公判を直接傍聴するほか事件を知る手段はなかった。

いったいあとどのくらい「整理」がつづくのか、メドだけでも教えてもらえないか——裁判所の広報担当職員にいくらたずねても、歯ぎれのわるい言葉がかえってくるだけだ。

「公式には言えませんが…まだまだ終わりそうにないですね…」

こうして何ヶ月かすぎた。状況はかわらない。月日がさらにながれ、副島氏の辞任からおよそ八ヶ月がすぎた。裁判所への問いあわせも忘れがちになっていった。

そうして二〇一〇年一二月一八日のおだやかな朝をむかえた。インターネットのニュースをそれとなくながめていたわたしは、おもわず声をあげた。

〈東金女児殺害事件で初公判〉

そんな見出しの記事がながれている。知らないうちに公判がはじまっていたのだ。初公判で何があったのか、だれが何をしゃべったのか。法廷を聞きのがした以上、もはやこの目で確かめることはできない。地団太ふむ思いで記事を読み、おどろいた。

「起訴事実を認めた」

そう書いている。どういうことだろう。無罪を主張するのではなかったのか。いてもたってもいられなくなった。時刻が午前八時半になるのを待って千葉地裁に電話をかけ、第二回公判の予定をたずねた。声に聞き覚えのある広報担当の男性職員が言った。

「一二月二二日午前一〇時、二号法廷です。傍聴券交付事件ですので九時一五分までに来てください」


二〇一〇年一二月二二日。はやる気持ちをおさえて、わたしは千葉地方裁判所をめざした。朝の通勤ラッシュにもまれながらJR千葉駅で電車をおり、モノレールで県庁前駅へ。予想外に時間がかかり、裁判所に着いたときは午前九時をまわっていた。

千葉地裁の本庁舎は建てかえ工事が終わり、外資系ホテルと見まがうような派手な姿に変貌《へんぼう》していた。前の道路にはテレビ中継車がエンジンをかけたまま停車し、そのそばで、借りあげタクシーの運転手らが上機嫌に立ち話をしている。子どもむけの気楽なイベントでもやっているかのような平和で弛緩《しかん》した光景だった。

傍聴券の抽選場所はすぐにわかった。ガラスばりの建物のわきに三〇人ほどの行列ができている。わたしは列に近づき最後尾にならんだ。冷たいビル風が吹きぬける。ほどなくして職員の声がした。

「整理券を交付します。人数が多ければ抽選します」

「整理券」とは手首にまく白い紙テープのことだった。

前方から順に巻きつけの作業がすすみ、わたしの番になった。ふいに後ろから背広の男がやってきて追いこした。反射的に制止する。

「失礼ですが、わたしが先ですので」

「すみません」

男性はバツが悪そうに引きさがった。法廷に入りたい一心で神経質になっていた。

わたしの手首に巻かれたテープは「0225」番だった。よく見ると小さな文字で「DO NOT REMOVE」（はずすな）とある。

抽選結果が出るまで半時間ほどかかるといわれ、テープをつけたまま裁判所の建物に入った。暖房の効いたロビーは取材関係者や傍聴希望者でごった返していた。男の中年記者が左腕の白い腕章を同僚らしい若い女性に見せて、「ボクはこれで入るから」とうれしそうに話している。腕章は千葉地裁が発行したものらしい。

第二回公判

「抽選の結果がでました」

職員の声がひびき、当選番号を書いた紙が張りだされた。当落を確認するためにはふたたび寒い屋外に出なければならなかった。はたして、「0225」は当たりだった。つぎの「0226」ははずれている。幸運に感謝した。

開廷一〇分前になって二階の法廷にむかった。傍聴人が行列をつくっているのは身体検査のためらしい。手荷物や携帯電話をあずけさせられ、先にすすむ。薄緑色の制服を着た法廷警備員が金属探知機で体をまさぐった。ズボンのポケットにはいっていた小銭が反応する。わたしは小銭をつかみだし、掌《てのひら》にのせて示す。

不快な検査にたえ、ようやく傍聴席に着いた。二号法廷の席数は全部で六二。そのうち三〇席に「記者席」と印刷された白いカバーがかけられている。「当事者用」の席にも目印がされている。一般傍聴席は三〇もない。

法壇にはすでに三人の裁判官が待機していた。中央が栃木《とちぎ》力《つとむ》裁判長だ。色黒の顔に薄い笑顔をたたえている。検事三人と弁護人三人もそれぞれ着席をおえて開廷を待っている。

突然背後で女性の高い声がした。

「報道機関による撮影があります。うしろをふりかえらないでください!」

記者クラブによる法廷内撮影だ。女性職員は大声で号令をかける。

「五、四、三、二、一。撮影開始」

まるで映画撮影のエキストラ並のあつかいではないか——わたしはまた不快になった。記者クラブと称する任意団体。それを構成する新聞・テレビ・通信社という特定のメディア会社だけのために、裁判所が「法廷撮影の許可」という利益供与をはかる。「記者クラブの撮影に協力せよ」と傍聴席の市民に公務員である千葉地裁の職員が命令する。

むかしの出来事が脳裏にうかんだ。

——かつて香川県高松市で「山陽新聞」という地方紙の記者をしていたころのことである。司法記者クラブという任意団体が高松にもあって、ある時わたしに幹事社のキャップという取りまとめ役が回ってきた。幹事社というのは、香川県警の「御用聞き」のほかに、高松地裁・高裁の用事を受けもつ。たとえば判決文入手の手配や法廷内撮影の申し込みといった事務作業だ。クラブ加盟社から「○月×日予定の判決について、判決文がほしい」と依頼があれば、あらかじめ裁判所の総務課に申請を出しておく。法廷内撮影の求めがあったときも同様に申請する。

わたしが幹事社キャップのとき、こうした雑用にくわえて「裁判官と記者の交流会」というのをやった。裁判所の発案だった。懇親会の類は警察との間で頻繁《ひんぱん》にやっていたが、裁判官とは初のこころみだった。記者クラブ加盟各社の記者と裁判官、裁判所職員が高松高裁の会議室にあつまり、ビールと軽食が供された。幹事社として挨拶を求められたわたしは、日ごろ思っていたことを口にした。

「こうした会が催されることを、開かれた司法の第一歩として歓迎します。しかし市民は記者だけではありません。一般市民にまで広く開かれた司法になることを願います」

「厳しいですなあ、山陽さん」

広報担当の職員が苦笑いしながら酒を注いできた。おりしも『日独裁判官物語』というドイツの裁判官を紹介した映画が話題になっていた。日本の裁判所は閉鎖的で裁判官は世間知らずという印象がわたしの頭にはあった。――

あれからざっと一五年がたつ。いまでも「交流会」が続いているかどうか知らないが、すくなくともわたしの周辺のフリー記者が裁判官と懇談したという話はきかない。一方、裁判所に対するわたしの見方はかわった。記者クラブという特定のメディア会社だけを裁判所がいかに手厚く保護しているか、そのことに記者クラブ自身がいかに無自覚か、強い疑問を日々感じるようになった。新聞社をやめてからというもの、記者クラブと役人の馴れ合いのひどさが鼻についてならなくなった。

被告人質問

「終了してください」

女性職員のかん高い声で我にかえり、わたしはこらえるようにしていた息をはきだした。ガチャガチャと物音を立ててテレビカメラマンが機材を片づける。四人の警備員が壁際に張りつき、傍聴人に尖《とが》った視線を送りはじめた。

やがて被告人の勝木諒氏が入廷し、腰縄と手錠をはずされて長イスに座った。体はタンクのように肥満しており、ほとんど首のないなで肩の上に、大きな頭が乗っている。動きは緩慢だ。

「きょうは被告人質問です。被告人は前へ」

栃木裁判長がにこやかな顔で切りだした。

間に合った――わたしは安堵《あんど》した。被告人質問こそがもっとも聞きたかった部分なのだ。勝木氏は立ちあがり、大きな体を証言台にはこんでいる。そして、ゆっくりとぎこちない動作で証言台のいすに腰かけた。

「マイクにむかって話してください」

栃木裁判長の声に勝木氏は軽くうなづいた。弁護人の大石剛一郎弁護士が言った。

「いいですか」

「…」

勝木氏はまた無言でうなづいた。

「マイクにむかって答えるようにしてください」

「わかりました」

やっと声がした。大きな体躯《たいく》に不つりあいな幼い声だ。マスコミ報道をつうじて抱いていた印象とはまるでちがう。

質問がはじまった。

「被害者のことを考えることはありますか」

「あります」

たどたどしく勝木氏が答えた。「起訴事実を認めた」という報道は本当なのだと知った。

未成年者略取・殺人・死体遺棄の罪で千葉地検が勝木諒氏を起訴したのは二〇〇九年四月一七日。五月一日に裁判員裁判がはじまる二週間前のことだった。起訴内容をもういちど振りかえっておく。

1　二〇〇八年九月二一日午前一一時四〇分ころ、千葉県東金市の路上において、成田幸満（当時五歳）を見かけるや、略取しようと企て、その体を抱きかかえて同市内の被告人方まで連れ去って同児を自己の支配下に置き、もって未成年者を略取した。

2　そのころ、被告人方浴室において、殺意をもって、同児の体を抱きかかえて浴槽内に落とした上、同児の体を手で押さえつけて浴槽内の水中に沈め、よってそのころ、同所において、同児を溺死させて殺害した。

3　同日午後〇時二〇分ころ、同児の死体を、前記被告人方から同市内の資材置場付近まで運んだ上、同所に放置し、もって死体を遺棄した。

これを勝木氏は「認めた」。無実・無罪から一転して認めたのである。なにか新証拠でも出てきたのだろうか。わたしにとって最大の関心はそこにあった。

大石弁護士が質問をつづける。

「どんなときに考えますか」

勝木氏は黙っている。大きな後ろ頭をわたしは傍聴席からみつめた。頭が下を向く。数秒間の沈黙をおき、ゆっくりと頭が元にもどった。そして幼児のような声がした。

「いつでもかんがえてます」

「事件のあと、ずっと考えていますか」

「…」

また沈黙だ。首が右にかしぐ。ゆっくりともどり、言った。

「わかりません」

「考えているとはどういうことですか」

「…」

こんどは頭を垂れて首をひねっている。わたしは数をかぞえた。…五、六、七、八…。右手の検事席にいる男性検事三人が、食い入るように勝木氏の姿を見つめている。短髪で無精ひげをはやした若年の小池検事、銀縁メガネで髪のうすい紳士風の大山検事。もうひとりは育ちのよさそうな色白の検事。名前はわからない。

五〇秒をすぎたが答えはでてこない。五八、五九、…一分がたった。勝木氏はため息をつきながらまだ首をひねっている。八八、八九…一分半で、ようやくポツリと言った。

「いっぱいかんがえていますす」

「考えがまとまりませんか」

「はい」

考えがまとまらない——大石弁護士の言葉に引っかかった。まとまらないというより質問が理解できていないのではないか。


「ただただごめんなさい」


弁護士は大きく息をつき、つぎの質問をする。

「被害者に言いたいことはありますか」

「ただただごめんなさいといいたいです」

この答えは早かった。

「遺族のかた、お母さんのことを考えることはありますか」

「はい」

「どんなことを…」

「ただただもうしわけないことをしたと…おもいます」

ちいさな子どもが自信なさげに先生の質問に答えている、そんな光景にみえてきた。

「質問かえますね」

「はい」

「前回の裁判で弁護士が話したことを覚えていますか」

「おぼえています」

「君の訴訟能力について話したんですが、覚えていますか」

「おぼえています」

「訴訟能力という言葉の意味がわかりますか」

「…」

一〇秒後、勝木氏は答えた。

「わかりません」

「自分に有利なことと不利なことを判断して、自分を守るような言葉を言う、それができる能力を訴訟能力というんですが、わかりますか」

「すこしわかります」

本当にわかっているのだろうか。わたしは疑問に思った。大石弁護士は質問をすすめる。

「これから君の訴訟能力について質問します。言葉の意味について質問します。落ちついて正直に答えてください」

「はい」

「学校のテストじゃないので、合っているか合っていないかじゃなくて、君の考えていることを答えてください。パワーポイントつかいます」

　壁の大型液晶モニターに電源が入った。勝木氏がいる証言台の上にも小さなモニターがある。その電源も入れられた。勝木氏はぽかんとしている。大石弁護士が手元のノートパソコンを操作すると、壁のモニターに「訴訟能力」と映しだされた。モニターの文字が「裁判官」に切りかわり、質問がくりだされる。

「まず裁判官というのは何をする人ですか」

　勝木氏は下を向く。一〇秒、二〇秒…。首をひねった。大きな鼻息がマイクをつうじて法廷にひびく。一分がたった。ふと顔が持ちあがり、すこししてからまた下がる。——一分半でこう言った。

「わかりません」

「うまく説明できませんか」

「はい」

　画面の文字が「検察官」に変わる。

「じゃ、検察官はどういうことをする人か、端的に話せませんか」

「…うーん」

　うなり声がひびく。検事は調書をめくっている。一〇秒ほどして答えた。

「わかりません」

「うまく説明できませんか」

「…」

「じゃ、警察官。刑事さんとか…はどういう人ですか」

「たいほしたり…」

そこまで言って黙り、三〇秒の後に答えた。

「あとはわかりません」

「はい。こんどは弁護人。弁護人はどういう人ですか」

「…」

勝木氏が大きく息をはく音が聞こえる。一〇秒後、幼い口調の自信なさげな声がした。

「いぜんはよくしっていましたが…いまはわかりません」

「証人」の意味「わかりません」

「じゃ、証人というのはどういう人ですか」

「…」

「証人というのは?」

「…テレビではよくみてましたが…あまりわかりません」

「言葉でうまく説明できませんか」

「…わかりません」

大石弁護士がつづける。

「今度はちょっと難しいですよ。精神鑑定医、これはどういう人だかわかりますか」

「ふー…」

勝木氏は下を向いた。壁の時計は一〇時二〇分、開廷からすでに二〇分がたっている。大山検事が左手を頬《ほお》にあてて勝木氏の様子を凝視《ぎょうし》している。一〇秒後、頭を持ちあげて言った。

「かんじはわかりますが…いみはわかりません」

弁護士は先をいそぐ。

「黙秘権、これはなんだかわかりますか」

「…」

緩慢《かんまん》な動作で何度も首をひねる。二〇、三〇…。四〇秒がすぎたところで、はっとしたように言った。

「…これまでいろいろなひとにいわれましたが…わかりません」

副島弁護士が話していたとおりだ。

〈彼は「黙秘権」という意味がわからない。ＤＶＤの中で、検事が「〈黙秘権について〉覚えとってくれ」と言っている。そうやってくりかえし説明しても、「なんだったっけ」と。わかんないわけだ。黙秘権をはじめ自分の罪状や刑罰、たとえば殺人罪がどういうことなのかが彼には理解できない〉

高岡健・岐阜大学医学部教授による鑑定結果について、副島氏はそう話していた。そのとおり、証言台の勝木氏は黙秘権とはなにか説明できないでいる。

大石弁護士があらためて説明する。

「言いたくないことは言わなくていいこと。これはいろんな人に言われましたか」

「カネコさんや…ヤマダさんに…いわれました」

「ヤマダさんは検事さん？」

「はい」

「カネコさんは刑事さん？」

「はい」

「前回の裁判で（黙秘権について）裁判官から言われたことは覚えていますか」

「おぼえていますが…いみがわからなかっただけです」

カネコ検事、ヤマダ刑事※——この二人から勝木氏はくりかえし「黙秘権」の説明をうけた。さらに法廷で裁判官からも言われた。それでも理解できないという。

壁のモニターから「黙秘権」が消え、かわりに「供述調書」の文字が映された。

「供述調書、これは意味がわかりますか」

「けいさつしょにつかまったときにつくられたものです」

※千葉地検の金子達也検事、千葉県警刑事課捜査一課の山田和秀警部補。

「告訴状。これは意味がわかりますか」

「…」

二〇秒の間があった。

「わかりません」

退屈な空気が傍聴席を支配しはじめた。単調な質問はまだつづく。

「判決。この言葉の意味はわかりますか」

「…」

勝木氏は首をひねっている。二〇秒ほどして口を開きかけた。

「かんじはわかりますが…」

またうつむいた。三〇秒の間があく。顔を上げ、左横の大石弁護士に目をやってから言った。

「…いみはわかりません」

「文字は読めるという?」

「はい」

「意味はわからない?」

「すこしはわかりますが…あとはわかりません」

「すこしはわかるというのは、説明したらどんな意味になるんですか」

勝木氏は下を向く。二〇秒、三〇秒…。一分をすぎて大きな頭が持ちあがる。

「わかりません」
「保護観察。この意味がわかりますか」
「…わかりません」
「刑期。この意味はわかりますか」
「…わかりません」

クイズ形式の尋問

裁判用語に関する一連の質問が終わった。数人の傍聴人が席を立った。だがわたしは退屈ではなかった。訴訟能力がないことを立証し、公判停止に持ちこむという高度な弁護戦術ではないのか。そう思えてきたのだ。凝った首をぐるりと回し、耳をすませた。

つぎはクイズのような三択形式だった。壁のモニター画面に細かい文字で質問事項が表示された。大石弁護士が一問目を読みあげる。

「留置場にいるほかの収容者が〈話を変えたらすぐに出られるよ〉と言いました。君だったらどうしますか。

一番、（収容者が）言ったとおりにする。

二番、信用しない。

三番、少し話を変える。

——どう？」

「二ばんです」

「二番、信用しないですか」

「はい！」

勝木氏は自信ありげに答えた。二問目がつづく。

「裁判で検察官が質問しました。それに対して弁護人が〈反対します〉と言っています。どうしますか」

「異議あり！」と検察官が口をはさんだ。そして何か早口で述べたが、だれかの咳払いでさえぎられた。聞き耳を立てると、こんどは携帯電話の音がけたたましく鳴った。白いカバーのかかった記者クラブの席のほうからだ。バツがわるそうに若い男の記者が電話をいじっている。結局「異議」の内容はわからなかった。

異議は却下され、大石弁護士が質問をくりかえす。

「もう一度たずねます…。裁判で検察官が質問しました。それに対して弁護人が〈反対します〉と言っています。どうしますか。

一番、怒られないよう、なるべく早く答える。

二番、裁判所から逃げる。

三番、どうしたらいいか裁判官が言うのを待つ。

――どれですか」

すこし間をおいて勝木氏は答えた。

「…一ばんと、三ばん」

「一番と三番。両方だということですか」

「そうです」

「はやく答えてしまうのか待つのかどっちですか」

勝木氏はだまりこんだ。大山検事が両手を組んであごを乗せた。ときどきメガネの奥に指を入れて目をさすっている。――一分がたち、勝木氏は口をひらく。

「…じゃ一ばんで」

検察官の質問に弁護人が異議を申したてたらどうすべきか。この質問に勝木氏は「怒られないよう、なるべく早く答える」と答えた。誤りだ。正解は三番の「どうしたらいいか裁判官が言うのを待つ」である。

大石弁護士がつぎの質問をする。

「検察官が何かわからないことを聞いてきた。どうしますか。

一番、とにかく答える。

二番、適当に答える。

三番、もう一度言ってくれるよう頼む。

――どれですか」

「三ばんです」

この答えには時間がかからなかった。正解だ。質問はさらにすすむ。

「目撃者が嘘を言いました。どうしますか。

一番、弁護士に嘘だという。

二番、目撃者にケンカを売る。

三番、嘘が聞こえていないフリをする。

――どれですか」

「…わかりません」

「質問の意味わかる？」

「いみはわかりません」


「**一番と二番です**」


大石弁護士がつづける。

「つぎです。裁判の途中で立ちあがったらどうなりますか。

一番、裁判が台無しになる。

二番、裁判官が〈大丈夫〉と言えばいい。

三番、自分は頭がいいと思う。

——どれですか」

「一ばん！」

勝木氏は元気よく答えた。「はい」と大石弁護士は応じ、つぎの質問をだす。

「裁判で質問されて思いだせないことが出てきました。どう答えますか。

一番、調書のとおりという。

二番、忘れましたという。

三番、頭の中で作り話をして答える…」

「二ばんと…」

まだなにか言いたそうにしている勝木氏を大石弁護士がさえぎった。

「二番。忘れましたというんですか」

「はい」

つぎにすすむ。

「思いだそうとしても思いだせないことについて〈勇気をもって思いだしてください〉と言われました。どうしますか。

一番、〈調書のとおり〉という。

二番、〈忘れました〉という。

三番、頭の中で作り話を考えて答える。

——どれですか」

「…」

勝木氏は顔をすこし上に向けた。そして元にもどして答えた。

「たぶん…一ばんと、二ばんだとおもいます」

「一番と二番のどっちですか」

数秒後、言った。

「二ばんです」

一番「調書のとおり」か、二番「忘れました」か。迷ったあげく、勝木氏は「二番」と答えた。正解だが、どこまで理解しているのかはあやしかった。

三択式はここまでだった。

「じゃ、パワーポイントは示しませんから」

大石弁護士が言った。勝木氏はまだ目の前のモニターをみつめている。

「画面じゃありません」

「うん」

促されてようやく画面から目をはなした。弁護士がたずねる。

「今回どういう理由で逮捕されたんですか」

「…」

勝木氏は下を向き、数秒後、深くうなだれた。ゆっくりと首をひねってはもどす動作をくりかえしている。長い沈黙がながれ、二分がすぎた。ふと顔を上げる。

「ないようはわかりますが…ええ…」

言いかけてまた黙った。そろそろ四分になろうというとき、大石弁護士が助け舟をだした。

「ちょっといいですか。内容というのはどういうのですか」

「…」

さらに一分がすぎる。


「**調書があればわかります**」


「ちょっと」と栃木裁判長が沈黙をやぶった。速記者を交代させ、再開を告げる。大石弁護士が質問する。

「うまく説明できませんか」

「…ちょうしょがあればわかります」

勝木氏がようやく言った。

「調書というのは検察官がつくったものですか」

「そうでございます」

首をかしげたくなった。先ほどの三択問題で、思いだせないことは「忘れましたという」と答えたばかりである。それがいまは「調書があればわかります」という。矛盾していないか。

〝調書〟にはふれず、大石弁護士が質問をかえる。

「なんのために君はこの裁判受けているんですか」

「…あやまるためです」

「この裁判でおもに言いたいのはどういうことですか」

「ただただごめんなさいといいたいです」

こんな状態で裁判ができるのだろうか。強い疑問をおぼえながらわたしは周囲を見まわした。無表情に聞いているほかの傍聴人たちも同じことを考えているような気がした。

質問者が主任弁護人の土屋《つちや》孝伸《たかのぶ》弁護士にかわった。

「じっさいにあなたが見たり聞いたりすることを聞きます。そんなにむつかしくない」

「はい…」

「そんなにむつかしくないですからね」

「はい…」

土屋弁護士は早口だった。おっとりした大石氏とは対称的に、せっかちな印象をうける。

「前回の裁判で調書が調べられました。それはわかる？」

「わかります」

「調書のなかにあなたのメモがはさまれていたことはわかりますか」

「…わかります」

メモとは何のことだろう。わたしにはわからない。

「取り調べのとき紙に書くことになったのはどうしてでしょうか」

「…」

勝木氏は考えるように黙っている。一〇秒後、頭を上げて答えた。

「さいしょはこわくてなかなかいいだせませんでしたので…ヤマダけいじさんやカネコ…けんじさんに、かみとボールペンをかしてもらいました」

ヤマダ刑事、カネコ検事――この二人の名前がまた出てきた。勝木氏によれば、取り調べのときに二人からボールペンと紙をもらったという。何を書いたというのか。話が要領を得ない。

「こわいというのは、何が…こわかったんですか」

「ただ、さいしょはいいづらくてこわかっただけです」

「言いづらかったのはなぜ」

「…ただ、さいしょはあまり…こわくて」

勝木氏は口ごもった。（あと…なんだ?）と小声でつぶやくのが聞こえた。そしてまた沈黙する。数秒おいて答えた。

「…かくしごころがすこしあったからです」

「隠し心というのは」

「さいしょはけんさつかんやけいじさんに…」

勝木氏が首をひねる。何秒か間があり、こうつづけた。

「…かくしとおせるとおもっておりました」

「隠し通せるというのは何を隠し通せるんですか」

「…わすれました」

「自分の手で手紙に書いたのは、自分の素直な気持ちを書いたものですか」

「はいそうです」

「**ごめんねです**」

乙五号証示します、と土屋弁護士が一枚の紙を取り出した。証言台のほうにちかづき、勝木氏に見せてから言った。

「自分の口で読んでみてください」

勝木氏は手元の紙をのぞきこむ。マイクに顔がふれて大きな音がした。そしてたどたどしく読みはじめる。

「…ごめんなさい。ほんとうに…ほんとうにごめんねです…」

勝木氏が顔を上げ、左横にいる土屋弁護士を見た。

「下までです」

いらだちを帯びた口調で土屋弁護士が言った。勝木氏はふたたび紙に目を落とし、つづきを読む。

「へいせい…」

また土屋弁護士を見た。

「平成の後はなんと」

「…にじゅういちねんとかいてありますけど」

「それです」

「…へいせい二一ねん…一がつ一一にち…かつきりょうです」

そこで終わりだった。あまりの短さにあっけにとられた。

「ほんとうにごめんねです」

それが「メモ」のすべてらしい。土屋弁護士が質問をつづける。

「これ以外にも自分の手で書いたものがこの前の裁判で読みあげられましたが、自分の気持ちを書いたことはまちがいないですか」

「はいそうです」

「いま読んだものは、あなたの気持ちを正確にあらわしているんでしょうか」

「……」

「自分の気持ちを正直に書いて検事さんにわたしたんですか」

「とりしらべのときはそうです」

促されて勝木氏は答えた。

わたしはようやく質問の意図を理解した。こわくてなかなか本当のことを言えなかった。そこで金子達也検事や山田和秀警部補に紙とペンをもらい、書いた。「ごめんね、本当にごめんねです」と。これは正直な気持ちである。だから供述調書は信用できる。——土屋弁護士はそう言いたいのだ。

違和感をおぼえた。これが弁護人のなすべき仕事だろうか。「疑わしきは罰せず」という無罪推定の大原則はどこにいったのか。

土屋氏は充血した目を手元の書類に落とし、つぎの質問をおこなっている。

「女の子の話ですが、彼女は死ななければならなかったんでしょうか」

「いえ…ちがいます」

「死んだのはだれのせいですか」

「じぶんのせいです」

「どうしてこうなったか、いま感じていますか」

「…」

勝木氏はうなだれて黙りこむ。口を開いたのは三〇秒後だ。

「さいしょに…ことばをかけられればよかったです」

「なんという言葉ですか」

「たしか…やあこんにちは。いまなにをしているのです?」

「そう言えばよかったと、いま思っている?」

「はいそうです」

「じゃ休憩します」

土屋弁護士の求めで休廷が告げられた。午前一一時前、開廷から一時間が経っている。

楽しかった小学一年生

審理再開は一五分後。「あなた自身のことを聞きます」と前おきしてから土屋弁護士がたずねる。

「あなたにとっていちばん大切な人はだれですか」

「ははおやです」

「お父さんについては」

「おとうさんもだいじですが、さくねんしんでしまいましたので、いまはとてもさびしいです」

「自分のよいところはどういうところだと思いますか」

「ふだんはやさしいところと〝てんねん（天然）〟のところです」

「自分に自信のないところは」

「…なところと…あと、しょうがっこうと、ちゅうがっこうと、こうこうのときに、ははおやから、おちついて…（なんだっけな）…おちつきがないといわれました。…ところです」

冒頭が聞き取れなかった。質問がすすむ。

「小中は給食以外にいい思い出がないと調書にありました」

「はいそうです」

「どんな生活だったのか教えてください」

「え…ちゅう…しょうがっこう一ねんせいは…一ねんせいのときはたのしかったですが…」

そこまで言って勝木氏は（あ、ちゃうな）とつぶやいた。すこし考えるようにしてからつづけた。

「…一ねんせいのときはたのしかったです。で…三、四ねんせいはまあまあです。五、六ねんせいから、いろいろなひとにいじめられたりしていました。あと、たのしいときといえば、きゅうしょくのじかんたいです」

「いじめられるというのは、どんなことがあったんですか」

「…」

勝木氏は黙っている。土屋弁護士がくりかえす。

「どんないじめを受けたんですか」

「いろいろうけました」

「言いにくいかもしれないですが、何個か教えてもらえますか」

「…〈のろま〉と、あとはふざけたかんじで〈どじさん〉とか。あと、たまにおおきいこえで〈ばかやろう〉とか、あと〈カメやろう〉…」

「そういうことを言うのは、だれが言ってくるんですか」

「たしか、五、六ねんせいのどうきゅうせいだとおもいます」

「そういういじめがあってあなたはどう思うの？」

「さいしょはくやしいはんめん、すこしはあたまにきましたが…そのときはショックがおおきかったです。いじょう（以上）です」

以上です、が唐突で妙なひびきだった。

「養護学校に入ってからはそういうことはなかったんですか」

「ありません」

「就職のことを聞きます」

「…」

「いいですか」

「はい」

質問が養護学校卒業後のことになった。養護学校高等部を出た勝木氏は地元の貸布団会社で働きはじめる。

「最初のところはどんな仕事だったんですか」

「たしかタオルのはしとはしのあいだをたたんで、ただたたむのをくりかえしです」

「やっていて楽しかった？」

「はい」

「その後別の仕事をはじめたんですね」

「はい」

「どんな仕事ですか」

「さいしょは、かえってきたフトンをはこんで…おいてきて、だいしゃ（台車）をもってきてフトンをひろげて、ほどきじゅんびをしたり…フトンのほどきしごとをしていました」

「うまくできましたか」

「はい」

「給料はどれくらいでしたか」

「たしか、ははがしっているとおもいます」

「あなたは知らないんですか」

「もらったときにすぐおかあさんにわたしていたので、しりません」

「この会社をやめたのはいつごろ？」

「せいかくにははあくしてませんが、八がつか、たぶん九がつくらいだとおもいます」

「平成二〇年の八月から九月ごろということでいいですか」

「はい」

新聞報道では事件前日の九月二〇日に退職したとされる。だが、勝木氏は自分の退職日を知らないらしい。

職場のいじめ

会社をやめたいきさつを土屋弁護士がたずねる。

「やめた理由は何だった？」

「じょうしとトラブルで…やめました」

「トラブルというのはどんなことがあったんですか」

「えーっと…わたのせいぞうのきかいに、こまかくクラッシュしたわたいれきのゴミとわたがつまってしまい、きかいをとめて、きかいをうんぱんしたり、じょうしとそのだいりぎょうしゃをよんできかいをとめてもらい…そうじをしていましたが…ばせいとぼうりょくをうけられ《ママ》ました」

「罵声というのはどんなことを言われましたか」

「えーっと…やるきがないならかえれとか。あとおなかとか…はがいたかったときは、さっさとかえれよとか。あと…クビがいたくてねていたときに、しんだんしょをもらって、七がつか六がつのときにいって、そのじょうしのときにつめたいことをいわれました」

「その冷たいこととは何ですか」

「ただねちがえただけだろ。そんなんでやすむんじゃねえ、バカやろう」

勝木氏は饒舌《じょうぜつ》にいじめの体験を話した。先ほどまで、うなだれては長時間沈黙し、「わかりません」を連発した人物とは思えない。

「罵声」につづいて、土屋弁護士は「暴力」について聞く。

「暴力を受けたということですが、どんなことがあったんですか」

「たたかれたりとか、けられたりとか、かみのけをひっぱられたりとか…あとはきかいをやっているときにホコリがすごいのでマスクをしているのですが、そのマスクのひもをひっぱったりで…しました」

「その罵声や暴力を受けてあなたはどういう気持ちになりました？」

「ただおとなしくしていました」

「うん、どういう気持ちになりました？」

「は？」

「どんな気持ちになりましたか」

「いじめたほんにんはいまいないのでいいますが〈うるさいカクガリのタヌキジジイ〉とはおもいました」

傍聴席から小さな笑いがおきた。

質問が父親のことになった。末期がんをわずらっており、勝木氏の逮捕中に亡くなってしまう。

「お父さんの病状は」

「たしかなんとかのガンだったとおもいます」

「おうちにいたのか、入院していたのか」

「さいしょはとうがねびょういん（東金病院）のところににゅういんしていて、いちど四がつか五がつにたいいんしていいえにもどってきました」

「会社をやめた後、お父さんの状態は」

「…」

勝木氏は無言で弁護士の顔を見ている。

いったん東金病院を退院した父親は、別の病院に再入院する。時期を同じくして、八月ごろから勝木氏は貸布団会社を欠勤するようになり、退職する。

どうしてました、と土屋弁護士が促した。勝木氏が答える。

「…やめるまえに…またべつのびょういんに、さいにゅういんしました」

「会社をやめたあなたは一日をどう過ごしていたんですか」

「ははにたのまれてびょういんにいったり、たのまれなかったときはいえでゲームをしていました。

おおがたれんきゅうのときはとうきょうへいきました」

大型連休がいつのことをさしているのか、はっきりしない。

「ほかに出かけた場所はありますか」

「としょかん、サンピア…おもちゃやさん」

「時間を持てあましているというか、あまりすることがなかったんでしょうか」

「…」

ため息をつくような音が聞こえた。土屋弁護士が言い方をかえる。

「結構忙しくしていた?」

「え、もういちどいってください」

「忙しくしていたのか、暇だったのか。どんな状況だったんですか」

ややきつい調子で土屋弁護士が言った。ようやく勝木氏が答える。

「びょういんは、おかあさんからいけといわれたらいきますが…まあ、いわれなくてもじぶんでいったりしてましたし、…あまりヒマではございませんでした」

これも妙な響きのする「ございませんでした」だった。

第3章　記憶の迷路

「時計は苦手ですので」

質問が事件当日のことになった。

「朝、何時に家を出たか覚えていますか」

「…トケイはにがてですのでおぼえていません」

「出かけた先はどこですか」

「たしかサンピアだったとおもいます」

「何のために?」

「…ＣＤのしんぷ（新譜）とか、ゲームソフトのしんさく（新作）と…しんさくオモチャや…あとはわかりません」

「サンピアで買ったものは」

「…たしか千えんちょっきりしかもっていなかったので、ショクガンしかかっていないとおもいます」

「ショクガンとは」

「おも…おまけのはいった…ものです」

ショクガンとは「食玩」――食品に入った玩具――のことらしい。

「サンピアを出て、こんどはどこへむかいましたか」

「…たしか、としょかんだったとおもいます」

「中に入ったんですか」

「だい二エントランス※までは、はいりました」

「中まで入らなかった理由は」

「…としょカードがなかったからです」

「で、その後あなたはどうしましたか」

※後に東金市在住の知人に聞いたところ、第二エントランスと呼ばれている場所は図書館付近にないという。勝木氏が何を指して「第二エントランス」と言ったのかはわからない。

「そのときは、いえにまっすぐもどろうとおもいました…」

「つづけていいですよ」

「…」

弁護士のほうを勝木氏が見た。

「つづけていいですよ」

「…いえにむかおうとして…」

「ハナイチの…」

勝木氏がうなだれた。沈黙が数秒間。はっとした様子で顔を上げると言った。

また下を向く。数秒をおいて口を開く。

「…ところで、おんなの子とすれちがいました」

ハナイチは「花一」という生花店である。拉致現場にちかい。

土屋弁護士がつづける。

「女の子は知り合いですか」

「ちがいます」

「初めて見る人ですか」

「そうです」

「すれちがったときどうしたんですか」

「…さいしょ…ともだちになりたかっただけです」

「友だちになるためにどういう行動に出ようと考えましたか」

「さいしょは、ことばかけのれんしゅうをしました」

「練習をした内容を教えてください」

「…」

勝木氏はうつむき、数秒してから言った。

「やあこんにちは、なにをしているんですか、とこえをかけようとしました」

「じっさいに声かけをできなかったのはどうしてですか」

「…そこらへんはボクもまだわかりません」

拍子抜けするような言い方だった。土屋弁護士が追及する。

「友だちになりたいというのは、どんなことをしたいのか。そのときの考えを聞かせてください」

「…」

勝木氏は上方を見たまま、固まったようにじっとしている。首が右にかしいだ。それがゆっくりともどり、左にかたむく。また右にゆれる。一分ほど過ぎたところで土屋弁護士が言った。

「何かしたいことがあったんでしょうか」

「…ただテレビのはなしをしたかっただけです」

「テレビというのはどんな番組？」

「とくさつばんぐみです」

「小さい女の子がそんなものに興味があるんですか」

「…わかりません」

「特撮番組の話をする友だちがあまりいないんですか」

「…ひとりだけいます」

「ひとり以外とはあまりその話はしないんですか」

「はいそうです」

いじめられた体験を話していたときに比べてあきらかに話し方がちがった。答えが断片的で厚みがない。

声かけができなかった

質問はつづく。

「事件の話にもどります。声かけをせずに、あなたはどういう行動に出ましたか」

「…ふー」

勝木氏は息をはきながらうつむいた。ややあって顔を上げ、答えた。

「…さいしょはあがってしまい、こえかけができなかったので、そのときはひきかえしました。で…

おんなの子がハナイチのちゅうしゃじょうのところにいって…」

（ハナイチじゃないか）

勝木氏は小さくつぶやいた。すこし間があってつづけた。

「…ツルハドラッグの…くるまのちゅうしゃじょうのところにむかいました」

ツルハドラッグの駐車場とは幸満ちゃんがさらわれたとされる場所だ。土屋弁護士がさらにたずねる。

「駐車場にむかったその後のことを教えてください」

「…」

勝木氏が弁護士を見た。早口の質問がくりかえされる。

「駐車場にむかったその後のことを教えてください」

「…はい…」

数秒の間があり、勝木氏がつづける。

「…ちゅうしゃじょうのところまで、いちおうゆっくりついていきました。そのあとでツルハドラッグのかどのところにいどうしました」

「さらにその後のことを教えてください」

「…」

また弁護士を見た。

「いまのお話のつづきを教えてください」

「…いちおう、そのかどのときにもこえをかけようと、ことばをはっしようとしましたが、できずに…あがってしまい、できなかったです。そして…」

勝木氏は下を向く。数秒して（うん）とつぶやき、残りを言った。

「からだをかがめて、おんなの子のくちをふさいでしまいました。…そのあとにからだをおこして、おんなの子のせなかあたりをじぶんのおなかにあわせて、かるくおして、ほうこういどうしました。たしかニートスタッフのところまでいきました。そこでハンカチをしまって…そのときのつうこうにんはなんにんかいましたが、きにならなかったです」

とぎれとぎれに長い時間をかけて言った。「ニートスタッフ」というのはツルハドラッグに隣接するインテリア用品店である。土屋弁護士がたずねる。

「ハンカチを使ったときから自分の家に行こうと思っていたんですか」

「…もういちどいってください」

「ハンカチを使ったときから自分の家に行こうと思っていたのですか」

「さいしょはこうえんか…あとはわかりません」

「公園じゃなく自分の家に行くことに決めたのはなぜですか」

「うーん…」

うなり声とともに勝木氏が息をはき、下を向いた。顔を上げ、前髪をゆらす。うなりながらまたうつむいた。数秒してふたたび顔を上げ、こんどは言葉を発した。

「ロリコンとはおもわれたくなかったからです」

「あなたのいうロリコンとはどういう意味ですか」

「…おとこのひとが…」

（なんだっけ）とつぶやき、がっくりと下を向いた。やや間をおいて顔を起こすとこう言った。

「ちっちゃい子がすきなことをいうことばです」

「公園に行くとロリコンだと周りに思われると、そういうことですか」

「さいしょはちがいます」

「最初はちがうがその後は…？」

「ちっちゃい子はたぶんそうおもいませんが、いっしょにこうえんで…あそんでいるほごしゃにおもわれたとおもいます」

「いっしょに公園にいるとロリコンと思われたと…」

「そうです」

幸満ちゃんを連れ去った動機はどうにも理解しがたかった。

足バタバタ

質問が先にいく。検察ストーリーによれば、勝木氏は幸満ちゃんをかかえて白昼の市街地を三三〇メートル歩いて移動した。その様子についてである。

「運んでいるときの女の子の表情はどうだったですか」

「…そのときは、あしをバタバタしていました」

「顔の表情は」

「そのときはみてません」

「どのときに見たんですか　見たことはある?」

「…わすれました」

「足はバタバタしていましたが、ほかに抵抗しているそぶりはありましたか」

「たしか、あしだけだったとおもいます。ほかはあんましとくちょうありませんでした」

「女の子はいっしょについていくことを望んでいるようでしたか」

「…さいしょはわかりませんでしたが、いまはちがうとおもいます」

「事件のときはどう思っていました?」

「…」

「いまじゃなくて事件のときは、女の子はついてくることを望んでいるように感じていたんですか」

「…さいしょはわかりませんでしたので…わかりません」

現場の状況がよくつかめない。土屋弁護士が質問をつづける。

「足をバタバタさせていますよね」

「…」

「…というのが調書にあったそうですね」

「そうです」

「それを見てあなたはどう感じましたか」

「…そのときは、気づきませんでした」

調書にあったそうですね――とはひどい質問だと思った。そして勝木氏の反応もちぐはぐだった。足をバタバタさせたと言いながらほかに抵抗はなかったという。しかも最初は、足をバタつかせていることすら気がつかなかったという。わけがわからない。

「足をバタバタさせていたことに気づいたんですね」

勝木氏は黙ったまま弁護士のほうを見ている。数秒後、正面に向きなおると言った。

「…きせかえたときに、あしはみませんでした」

わたしの頭はさらに混乱した。「着せかえた」とは何のことを言っているのだろう。検察ストーリーのなかにそんな場面はない。真意を詰めてほしい場面だったが、土屋弁護士は「着せかえた」を無視して「足バタバタ」の質問をくりかえした。

「家に連れて帰る途中はどう。足をバタバタさせていましたか」

「…でも、じぶんのめ゛ではたしかめていません」

「目で確かめていないのに、どうしてバタバタしていたのがわかったんですか」

「おとがしたからです」

「嫌がっているとは考えませんでしたか」

「いえについていてからかんがえました」

「家に着くまでには、そういう考えは浮かびませんでしたか」

「…ただただだむがむちゅうでした」

「悪いことをしたとは思いませんでしたか」

「けいじさんにつかまってからおもいました」

「ハンカチはどうやって持っていたんですか」

「たしかポケットにいれていました」

「ポケットに入れたのはどのタイミングですか」

「たしか、だきかかえるいぜんです」

からだをゆすって勝木氏は答えた。

わたしは頭を整理しようと努めた。

*ハンカチで女の子の口を押さえた。
*ポケットにハンカチをしまった。
*だきかかえて連行をはじめた。
*だが女の子の顔は見ていない。
*足バタバタ以外、抵抗はなかった。
*足バタバタは見ていないが、音は聞いた。
*いっしょについていくことを女の子が望んだかどうか、最初はわからなかった。
*嫌がっているとは家についてから考えた。
*悪いことをしているとは刑事につかまってから思った。

ひとつひとつの行動や思考がうまくつながらなかった。犯行の情景が像を結ばない。

鍵をかけた訳

質問が自宅マンションでの場面になった。

奇妙なことに、マンションに到着してから三階の自宅までどうやって行き、どうやって部屋に入ったのか。また、家に入る際、幸満ちゃんが抵抗したのかどうか、声を出したのか――そういった具体的な状況に関する質問はいっさいなかった。すでに勝木氏と幸満ちゃんが家の内側にいるという前提で土屋弁護士はたずねた。

「家に着いてからのことです。順番に聞きます。鍵をかけた理由はなんですか」

「きょうじゅつちょうしょのてんぷしりょう（添付資料）にもかきましたが…あのときはただにげ…」

あーと小さく声を発し、勝木氏はがっくりとうなだれた。舌打ちのような音もかすかに聞こえる。

約一〇秒後、答えた。

「…ただにげないためにカギをかけただけです」

「普段は鍵はかけないんですか」

「おかあさんがしごとにいくまえはよくカギをかけていました」

「あなた自身は鍵をかける習慣はあるんですか」

「…もういちどおねがいします」

「あなたは鍵をかけるんですか。

「そとにでていくときはカギをかけます」

「家にいるときは」

「いえにいるときもカギをかけます」

「最初に女の子を通したのはどこですか」

「じぶんのへや…ようま（洋間）だとおもいます」

「お話をした？」

「そうです」

「どういう話をしましたか」

「たしかテレビばんぐみだったとおもいます」

マンションは3LDKで、「洋間」とは勝木氏の自室のことだ。玄関を入ってすぐ右側にある。勝木氏の証言によれば、幸満ちゃんをこの洋間に入れ、テレビ番組の話をしたという。

「あなたから話をはじめたんですか」

「そうです」

「なんと言って話をはじめたか思いだしてください」

「…たしかとくさつヒーローもの…だったとおもいます」

「なんと言って女の子に語りかけたのか、教えてください」

「…もういちどいってください」

「特撮ヒーローものの話をするときに女の子に何と言ったのか、思いだせますか」

「…じぶんのすきないろはレッドです、あとゴールドです、といいました」

「いきなりその話をはじめたんですか」

「そうだとおもいます」

「それに対する女の子の反応は」

「おわったときに、きみのいろはなんですかとききました。たしかイエローだったとおもいます」

「おわったとき」が何のことなのか理解しかねた。しかし土屋弁護士はこの点を突っこまず、先をいそぐ。

「そのあと、どういうことが起きましたか」

「そのあとはもうなきはじめていました」

「泣いているほかに何か言っていたことは」

「わーわーなくだけでした」

「なぜ泣いていると思いましたか」

「そのときはだいどころにいました」

「洋間にいっしょにいなかったんですか」

「ないたときに、ようまからだいどころににげだしました」

泣きだしたのを見て逃げたという。つまり、それまで幸満ちゃんは泣いていなかったことになる。

わたしは悩んだ。見知らぬ男に突然口をふさがれ、かかえられて連行され、家に閉じこめられる。そんなひどい目に遭って泣かない五歳児がいるだろうか。泣かないほどの勇敢な子どもなら、自力で鍵をあけて脱出するのではないか。

土屋弁護士がくりかえす。

「なぜ泣いたか考えましたか」

「…すこしはかんがえたとおもいますが…こわかったとおもいます」

「だれがなにをこわかったんですか」

「おんなの子がしらないいえにいるからです」

「あなたは女の子を連れてくるとき、女の子が泣きだすとは考えてはいなかったんですか」

「かんがえていませんでした」

ここで休廷となった。壁の時計は正午をさそうとしている。

記者クラブ

昼どきだったが食欲はなかった。しばらく休んでから二号法廷にもどると、法廷警備員が金属探知機を手にして待ちかまえていた。わたしは朝から気になっていたことを警備員に告げる。

――「一般傍聴者出入口」とは別に「記者出入口」と書かれた扉がある。こちらを警備していないのはどうしてなのか。

警備員の連絡で総務課の男性職員があらわれた。わたしは「記者出入口」の表示を指さして、もういちど質問をする。

「この〈記者〉とはだれのことですか」

「腕章をしている人と…」

「裁判所の腕章ということですか」

「はい」

「だれに腕章を出しているんですか」

「司法記者クラブに加盟している記者…」

裁判所のいう「記者」とは、一般名詞の記者ではない。司法記者クラブという任意団体に加盟しているメディア会社の被雇用者だけをさしている。わかりきっていたが、あえてたずねた。

「その司法記者クラブというのは法人登記している団体ですか」

「いや登記はしてません」

「どういう団体？」

「（千葉）県警の中にあって…よくわかりません」

よくわからないとはどういうことか、あきれて言った。

「要は任意団体でしょう。記者クラブ加盟社の記者だけが記者じゃないでしょう。たとえばＡＰやロイターがきたら、あそこ（記者出入口）から入れということになるんですか」

「いえ、ちがいます」

「だったら、せめて、記者クラブ加盟社だけ優先的にこちらから入ってください、と正確に言ったらどうですか。あるいは表示を〈記者〉から〈司法記者クラブ〉と書きなおしてください。一般の人が誤解しますから」

そうですね、と職員はバツが悪そうにうなづいた。記者業と無縁の人にとってはたわいもないことかもしれない。だが文句を言わずにはいられない心境だった。午前中の傍聴を通じて沸々としたいらだちを感じていた。

開廷時間がせまり、身体検査がはじまった。

「そこはどいてください」

総務課職員とわたしの会話に法廷警備員が無遠慮に割りこんできた。東京地裁から派遣された警備員だという。わきのソファを見ると、ヒゲ面の若い男がおもしろそうにこちらをながめている。午前中の法廷で携帯電話を鳴らした「記者クラブ」の記者だった。

家の中で

午後一時半、法廷が再開した。自宅に幸満ちゃんを連れこんだ直後の場面から土屋弁護人がただす。

「家の中で女の子が泣いてしまった。その後からお話をうかがいます」

「…」

「あなたは泣いた様子を見たときにどう思いましたか」

「…たぶんこわかったんだとおもいます」

「こわい気持ちの女の子を見てあなたの気持ちはどうなりましたか」

「すこしはりょうしんがいたみました」

たどたどしく勝木氏が答えた。土屋弁護士がつづける。

「それからどういう行動に出ましたか」

「いちおう、だいどころからじぶんのへやにもどりました」

「もどったら女の子の様子はどうなっていましたか」

「なきやんでいました」

「その後、どんなことがありましたか」

「…」

勝木氏は下を向き、数秒してから顔を上げて言った。

「…へやにはいって…またなきはじめました」

「それはなぜ泣きはじめたんでしょうか」

「わたしのかおをみたからです」

「二度泣かれて、あなたはどう感じましたか」

「…テレビのあくやくだとおもったんだと、おもいます」

「女の子が、悪役と思ったんじゃないかと…」

「はい」

「どう思いましたか」

「さいしょにショックをうけました」

「その後は」

「…そのあとは、すこしだまってました」

「泣きやんでもらうために何かしようとは思わなかった？」

「…ろうかまで、そのときはまだいっていません」

廊下までまだ行っていない、という意味をはかりかねた。土屋弁護士がたずねる。

「廊下に行くまで洋間で何をしていたんですか」

「おんなの子がただないていて、わたしはずうっとだまっていました」

「ほかに女の子はどんなことを言っていた？」

「そのときはないているだけです」

「泣きつづけている様子を見てどう思いましたか」

「そのときはだいじょうぶでしたが、だんだんなきごえがおおきくなって、すこしだけ…イライラしてきました」

「どうしてイライラしたんですか」

「…りゆうはわかりませんが、ただあたまにきてました」

「何に対して頭にきていたのですか」

「…なきごえのボリュームにです」

「その後、廊下に移動したんですか」

「そうです」

「なぜですか」

「ほかのつうこうにんにめいわくがかかるからです」

「どういうこと？」

「おこるときに、おこりごえがヒステリックにたかくなるからです」

「洋間で怒り声を出すと周りに迷惑がかかると思った？」

「いちじきもそうおもいましたし、いまもそうおもいます」

室内の様子を想像しながら奇妙に感じた。自分の声が室外に漏れるのを気にして廊下にうつったと勝木氏は言う。そうであれば、何よりも幸満ちゃんの泣き声を気にしたはずだ。だがその様子はない。

土屋弁護士が先をいそぐ。

「怒ったんですか」

「すこしやさしいこえで、おこりました」

「何を怒った？」

「…」

一〇秒ほど間があき、勝木氏が答えた。

「ただなかないでくださいだけです」

「泣きやみましたか」

「おんなの子はわーわーないてました」

「やり取りはそれだけでしたか」

「…」

こんどは一分以上の沈黙だ。待ちきれずに土屋弁護士が言う。

「質問を変えますね、大声を出すために場所を変えたんですよね」

「そうです」

「大声を出したんじゃないんですか」

「ですが、どなりませんでした」

「何を言ったんですか」

「ただなかないでくださいといいました」

大声を出そうと場所を変えた。しかし大声を出さなかった。よくわからない。質問はすすむ。

脱衣所

「でも泣きやむことがなくて、あなたはどうしましたか」

「…そこからもうあたまにきていました」

「頭にきてどういう行動に出ましたか」

「だきかかえておふろばのだついじょまではいきました」

「どうして脱衣所に行ったんですか」

「ただあたまにきてたから、そこまではかんがえてませんでした」

「脱衣所でどうするか考えてなかったんですか」

「…だついじょにいるときはかんがえてませんでした」

「どこで考えたんですか」

「よくそうのなかです」

よくそう——浴槽という言葉にひっかかった。検察ストーリーに勝木氏が浴槽に入る場面はない。気になったが、土屋弁護士は「浴槽」のことをたずねない。廊下の場面にもどって別の質問をする。

「廊下のときですが、女の子は何も言ってませんでしたか」

「一かいくらいはいっていましたが、なにをいったかおぼえてません」

「おうちに帰りたいとは言ってませんでしたか」

「…はなしたことがあるかどうかわかりません」

帰りたいと幸満ちゃんが言ったかどうか「わかりません」と勝木氏は言う。重要な発言に思えたが、この点も土屋弁護士は真意をただざず、質問をかえる。

「バカと言われたことは覚えていますか」

「そこのところはおぼえております」

「どう言われたんですか」

「バカを三かいです」

「どうしてバカと言われたかわかりましたか」

「…さいしょはわかりませんでしたが、いまはわかっております」

「いまはどうわかっているんですか」

「たぶん、たんきなところをつかれたとおもいます」

殺人の動機は支離滅裂《しりめつれつ》にみえた。幸満ちゃんに「バカ」と三度言われて怒りをおぼえ、暴走モードになって殺害したという。しかしなぜ怒ったのか明確に説明することができない。何より、わたしの目に映った勝木氏はどうみても短気な人間ではなかった。

土屋弁護士は別の質問にすすんでいる。

「午前の尋問で、ちがう家にいたから泣いたと言いましたよね」

「はい」

「女の子が泣いているのは、あたりまえのことじゃないんですか」

「…さいしょはそうおもいましたが…」

勝木氏はうなだれる。そして顔を上げるとつづけた。

「…あとはわかりません」

「最初はそう思いましたが、というのは」

「…」

「泣いている女の子は、帰ろうというそぶりはみせていましたか」

「…そぶりはしてませんが、ただかえりたいといっていました。それだけです」

またひっかかった。つい先ほど、「(おうちに帰りたいと) 話したことがあるかどうかわかりません」と答えたばかりである。それが今は「帰りたいと言っていました」と話している。だが同時に「帰ろうというそぶり」はなかったとも言う。ひとつひとつの答えがかみ合っていない。

質問はつづく。

「帰してあげようとは思いませんでしたか」

「…」

うん、と小さく咳払いして勝木氏が言った。

「そのときは、すこしおもいました」

「すこし思いました、というのは帰してあげる気持ちもすこしあった？」

「そうです」

「帰してあげなかったのはどうしてですか」

「もしいえにかえって、わだいになることがこわかったからです」

「話題になるとはどういうことですか」

「…」

勝木氏の頭が垂れ、沈黙がながれる。しばらくして土屋弁護士が言った。

「話題になるというのは、だれとだれが話をするとあなたは想像したんですか」

「そうぞうしてませんが、そういうふうにおもいました」

「話題というのは、女の子が家に帰るとだれとどんな話をすると思ったんですか」

「…そこまではかんがえてません」

「ひとつもどって、女の子が帰るのはあなたにとって困ることですか」

「…こまることではないけど…ただゆうきがなかったです」

「どうして勇気がいるの？」

「…そういうふうにおもいました」

「家に帰った女の子はだれとどんな話をしたんですか　そう考えたんじゃないですか」

「…そこまではかんがえてません」

女の子が家に帰って話題になるのがこわい。しかし、女の子が家に帰ってだれと話をするかは「そこまではかんがえていない」。女の子が家に帰ることは困ることでもないという。わたしの頭はますます混乱した。

「水中の中に落ちた」

殺害場面に質問がうつった。

「お風呂場に連れていって、どうしてほしかったんですか」

「さいしょは、ただだまっててほしかっただけです」

「黙ってもらうのにどうしてお風呂場に行ったんですか」

「…」

上を向いた。数秒後、頭を下ろして答える。

「ほかにかんがえがうかばなかっただけです」

「お風呂場でどんなことをしようとしたんですか」

「ただみずにつけようとしただけです」

「水につけようと思ったのはどのとき？　廊下ですか、お風呂場ですか」

「…だついじょのときです」

「お風呂場で具体的にどんなことをしましたか」

「……」

また上を見た。数秒してから言った。

「おんなの子がすいちゅうにいて、おんなの子のおなかあたりをおしました」

「女の子が水中にいたのはなぜ」

「……すいちゅうのなかにおちたからです」

検察ストーリーは「落とした」だ。しかし勝木氏は「落ちた」と答えた。気になったが質問はそれきりだった。体重一八キロの幸満ちゃんをどうやって風呂に落としたのか。あるいは落ちたのか。重かったのかどうか、抵抗をいかに封じたのか。声は――。具体的な状況はまったくわからない。殺人行為の核心を空白にしたまま、幸満ちゃんがすでに水の中で仰向けになっている場面から土屋弁護士がたずねる。

「おなかを手で押したのはどうしてですか」

「……そこまでかんがえてませんが、やってました」

「おなかを押していたことをもう一度聞きますが、何のために女の子のおなかを押したんですか」

「……」

勝木氏がうつむき、数秒の間があった。ふと頭を上げ、言った。

「すみませんが、もういちどおねがいします」

「水中にいる女の子を押したのはなんでですか」

「りゆうはわかりません」

「このままだと溺《おぼ》れてしまう、そう思いませんでしたか」

「すこしはおもいました」

「苦しいだろうとは考えませんでしたか」

「すこしはかんがえました」

「このままずっとやっていくと死んでしまうとは考えませんでした？」

「…すこしはおもいました」

　溺れてしまうと「すこしは」思った、苦しいだろうと「すこしは」考えた、死んでしまうだろうと「すこしは」思った――「すこしは」という婉曲な言い回しが気になった。殺意に関する重要な部分なのでもっと詳細に聞いてほしかったが、土屋弁護士はもうつぎの質問をはじめている。

「（腹を押すのを）どうしてやめなかったんですか」

「きょうぼうせいがおさえられなかったからです」

「どうしてあなたの凶暴性が抑えられなかったのですか」

「ただぼうそうして、あたまにちがのぼったからです」

「頭に血がのぼったのは、女の子が泣きやまなかったのと、バカといわれたのと関係がありますか」

「そのバカといわれたのが、かいしゃのときの…シーンとプレイバックしました」

「押していた時間は」

「じかんまではおぼえていません」

「女の子が動かなくなりましたね」

「はい」

「どんな様子でしたか」

「おふろのなかにしずんでいて、ゆかにふくがくっついたじょうたいです」

「その後あなたはどうしましたか」

「そのごはろうばいして、おふろのよこにあるゆかにねかせて…おふろのゆかにねかせただけです」

「狼狽とは」

「あたふたしました。あとあせっていました」

そこまで言うと、勝木氏は弁護士のほうを見て小さくうなづいた。


「人工呼吸しましたね」


風呂から幸満ちゃんを引きあげるのも簡単ではなかったはずだ。だがその場面についての問いもなかった。土屋弁護士が別のことをたずねる。

「人工呼吸したということですね」

「そのときはあまりおぼえていませんが、たぶんやったとおもいます」

人工呼吸とは初めて聞いた。新聞にも出ていなかった話だ。その人工呼吸について勝木氏は「たぶんやったと思います」とあいまいな答え方をした。妙な言い方だが土屋弁護士の突っこみはなく、つぎにすすむ。

「どんなことをしました？」

「ただおなかのあたりをおしました」

「おなかのあたりを押したらどうなりましたか」

「…みずととしゃぶつがでました」

吐瀉物《としゃぶつ》——勝木氏がむつかしい言葉を使った。

「なぜおなかを押したんですか」

「ただ…そのときはわかりません」

「おなかを押したらどうなると思ったんですか」

「…みずととしゃぶつがでてくるとおもいました」

また「吐瀉物」だ。いらついた口調で土屋弁護士が聞く。

「女の子が死んでいるのか生きているのかどちらだと思いましたか」

「たぶんしんでいたとおもいます」

「どうして？」

「…」

勝木氏が弁護士のほうを見た。数秒後、ゆっくりと言った。

「わかりませんが…しんおんをきいたからです」

しんおん——心音を聞くという行為の意味をわかっているのだろうか。わたしは疑わしく思った。

土屋弁護士のほうは、期待する答えがでてこないことにしびれを切らしたのか、誘導尋問に出た。

「息を吹き返してほしいと思ったから人工呼吸をしたんですか」

「なんでしょうか」

「女の子が息を吹き返してほしい、そう思ったから人工呼吸をしたんですか」

「…わかりませんが、ただやっていました」

目的もわからず人工呼吸をやった——それが勝木氏の説明だった。奇妙な殺人現場である。

質問がかわった。

「服を脱がすということがありましたね」

「…」

「ありましたか、ありませんか」

「…はい、ありました」

「これは人工呼吸の前か後か、どちらですか」

「…たしか、まえだったとおもいます」

わたしは息をのんだ。「前」——つまり、服を脱がせてから人工呼吸をやったという。不自然ではないか。しかしこの不自然さを弁護人は突こうとしない。

水滴を拭くために脱がせた

土屋弁護士がたずねる
「服を脱がせた理由について、調書では、水滴を拭くためと説明していますよね」

「はいそうです」

「どうして水滴がついたままではダメなんでしょうか」

「ただそのときに、けいさつにあやしいとおもわれるからです。あと…ほかのひとにもあやしまれるとおもったからです」

「濡れたままだとどうして警察やほかの人に怪しまれるんですか」

「そこまではかんがえてませんが、そういうふうにはかんがえました」

服を脱がせた理由もよくわからない。壁の時計に目をやりながら土屋弁護士はつづける。

「女の子を外に置いてこようと決めていたんでしょうか」

「…そのとおりです」

「外に置いてこようと決めた理由は何ですか」

「…おかあさんにバレるとおもったからです」

「お母さんにみつかったらどうなると思いますか」

「…」

およそ三〇秒の間があった。

「いくつかのせつめいをします…えー…」

口にしかけた言葉をのみこみ、さらに三〇秒をおいて、勝木氏はたどたどしく答えはじめた。

「まずひとつめは…なかれることです。あとは、なきながらおこられることです。あとは…おやこのえんをきられることもかんがえられました」

「警察に通報することは考えなかったんですか」

「さいしょのときはかんがえましたが、コワモテのけいじがいるかとおもい、やめました」

「刑事の顔がこわいとは、どうしてそう思ったの」

「ただテレビの、いずみやしげる（泉谷しげる）、きたおおじきんや（北大路欣也）とか、たくましん（宅麻伸）とか、がっついしまつ（ガッツ石松）とか、あと、まつかたひろき（松方弘樹）みたいに、コワモテにどなられるとおもったからです」

幼い口調ながらも、とぎれることなく俳優の名前をつぎつぎに言った。傍聴人が笑う。

「あなたの中の刑事さんは、いま言った俳優みたいな人ですか」

「はい」

「女の子はどこに置いてこようとしたんですか」

「さぎょうおきばです」

「はじめからそこに置くつもりだったんですか」

「…もういっかいおねがいします」

「家から女の子を出すときに、はじめからそこに置くつもりだった？」

「はいそうです」

「だれかに会った？」

「じてんしゃだけです」

自転車だけ、です、とあっさり言った。すれちがって驚いた、こわかったという感じではない。

「車とすれちがったことはありますか」

「…カネコけんじさんのとりしらべのときに、はじめておしえてもらいました」

「裸の女の子を運んだら目だつのではないかと考えなかったですか」

「さいしょはかんがえていませんでした」

「途中から考えた？」

「それは、つかまってからです」

釈然としない説明がつづいた。質問は先へいき、服や靴をすてる場面になった。

「女の子の洋服と靴を窓から投げましたね」

「はい」

「なぜ投げましたか」

「…ただ、ゴミすてばにすてるゆうきがなかったからです」

「自分のちかくにあれば疑われると思わなかったんですか」

「ぜんぜんかんがえませんでした」

これも理解困難な行動だ。そして車の下に袋が入った理由もわからずじまいだった。つぎの場面にすすむ。

「お母さんが帰ってきましたね」

「きゅうけいのときだとおもいます」

「騒がしくなってきたと思います。警察がきたり。気がつきましたか」

「そのときはきづきませんでした」

「自分がしたことがみつかるとは思わなかったですか」

「…そのときはありません」

そのときはありません、という言い回しにもひっかかる。弁護人の追及は、やはりない。

風呂に入っても思いださない

「事件の日から後のことを聞きます」

土屋弁護士が言った。

「…もういちどおねがいします」

「二ヶ月ちょっと期間がありましたね」

「…」

一〇秒ほど考えるように沈黙した後、勝木氏が答えた。

「ま…きかんはよくわかりませんでした」

「つかまるまでの間どういう気持ちで生活したか教えてください」

「ただそのときに…かくしとおせるとおもっておりました」

「事件のことを振りかえって思いだしたりすることはありませんでしたか」

「つかまるまえはこわかったですが…つかまったあとは、おもいました」

「つかまる前にこわかったとは」

「ただただないていいてビクビクしていました」

「もう一度聞きます。事件や女の子のことを思いだしたりしませんでしたか」

「さいしょはこわくて…あとはじぶんのこころとむかいあい、おもいました」

犯行が発覚するとは「そのときは」思わなかった――つい数分前にそう言ったばかりである。それがいまは「ただただ泣いていてビクビクしていました」と言う。話に一貫性がない。

速記用テープの交換作業をはさんで質問が再開される。

「お風呂に入るときに思いだしたりしませんか」

「おふろはだいすきですが、そこまではかんがえませんでした」

殺人現場である風呂で入浴しても何も思わない。そんなことがあるのだろうか。にわかに信じられなかった。

「母親に事件のことを伝えようとは思わなかったんですか」

「…ただこわくてできませんでした」

「こわいというのは先ほどから出ていますが、何がこわいんですか」

「…さきほどのべました…えー…」

勝木氏は考えこむようにぶつぶつ何か言っている。土屋弁護士が聞きなおす。

「もう一回言いますよ。こわいというのはどういう意味ですか」

「…うーん…」

勝木氏が首をひねった。数秒おいて話しだす。

「どうひょうげんすればいいかわかりませんが、おかあさんにいくとおこられるとおもいましたので、こわかったです」

「お父さんに相談しようとは思いませんでしたか」

「わたしはおとうさんっ子なのでいいません」

「お父さんっ子とは」

「おこるとこわいからです」

「ひどいことをしたという気持ちはあったんですかねえ」

「…」

勝木氏は上を向いた。数秒後、その頭を下ろして言う。

「けいさつにつかまってさいしょのときは、かくしごとがあったのであまりできませんでしたが、いまはじぶんのこころとむかいあい、おもっています」

「ご両親以外に、困ったときに相談できる人はあなたにはいなかった？」

「そこまではかんがえませんでした」

「いけないことをしたら相手に謝るというのは教わっていますよね」

「はい」

「今回はどうしてそれができなかったんですか。つかまるまでの間」

「…ただそのときは、かくしごとがでてきて…こわくて…」

勝木氏は沈黙し、数秒後、はっとしたように言った。

「…かくしごころがでてきたのでむきあいませんでした。いまはじぶんのこころとむきあい、かんがえています」

「隠し心とは何ですか」

「さきほどもいいましたとおり、かくしとおせるとおもいました」

「本当のことを周りの人にいうのはこわい、ということだけど、こわいとはどういうことですか」

「…ひょうげんはしにくいですが、そうおもいました」

「こわい」について再三たずねられた勝木氏だが、それに対する答えはつかみどころがなかった。

死体の記憶

午後二時になり一五分間の休廷が言いわたされた。わたしはトイレに行き、顔を洗った。鏡に映った両目がはれぼったく充血している。むかし見た死体の記憶がよみがえった。二〇〇四年一二月のインドネシア・スマトラ島沖の大地震・大津波の取材で見たおびただしい数の死体である。その強烈な印象は何年経っても薄らぐことはない。そして思った。

勝木氏には本当に死体の記憶があるのだろうか――。

法廷が再開された。引きつづき「こわい」「隠し心」に関する質問を土屋弁護士がおこなう。

「隠し心があったと言いましたね」

「はい」

「本当のことを言わなかった時期があるんですね」

「…ただスさいしょはこわくて、かくしごとはありましたが…かくしごころはでましたが、そのあとのヤマダけいじさんとのとりしらべでは、ありませんでした」

「山田刑事さんの取り調べでちゃんと話していくことを決めたんですね」

「それはありますが…」

ケーと小さくつぶやき、勝木氏がつづけた。

「…ゆうときも、どならず、おこらずにはなしをきいてくれました。カネコけんじさんもそうです」

「で、つかまってちょうど二年くらい経ちますね」

「はい」

「どういうことを考えてきましたか」

「ただひたすらあやまることをかんがえてきました」

「自分のしたことが悪いことだと、いま思っているということ？」

「はい」

「最初はそう思っていなかった？」

「さきほどもそういいましたが、つかまるとき…」

ウーとうなる。

「…つかまるまえに…ただただこわいのがでまして、じぶんのこころとむきあえずにいました」

「こわいという意味について聞きます」

土屋弁護士はそう言って壁のモニター画面に目をやった。モニターに電源が入れられ、小さな文字が表示された。質問がはじまる。

「あなたにとって〈こわい〉とは、つぎの四つのうちどれですか。
①口にするのもこわい。
②怒られる。
③つかまることや刑務所に行くのが嫌だ。
④相手にきらわれてしまう。――」
「じゃ、答えを説明しますので、よろしいでしょうか」

かしこまった言い方で勝木氏が答えた。

「①です。…①と、②、④です」

どこか得意げな口調に聞こえた。答えは①と②と④。つまり「口にするのもこわい」「怒られる」「相手にきらわれる」――それが勝木氏にとっての「こわい」の意味らしい。つかまったり刑務所に行くのはこわくないという。殺人を犯した人間の心理としては奇妙である。

択一問題が終わり、モニターの電源が切られた。土屋氏が質問をつづける。

「怒られるというのはだれに怒られると思っていた?」

「さいしょはべんごしと、けいさつかんと、けんさつかんと…ぜんいんです」

「相手にきらわれるというのはだれにきらわれるのが嫌ということですか」

「…とりしらべかんとべんごしだけです」

「この事件のご遺族はあなたのことをどう思っていると思いますか」

「…」

勝木氏は首をかしげ、つぎに上を向いた。一分以上の間があく。やがてこう言った。

「…ただものすごくおこっているとおもいます」

「そのほかに」

「…そのほかはわかりません」

「お父さんが亡くなって寂しいと言っていましたね」

「…はい」

「家族を亡くして寂しい気持ちはあなたもわかりますよね」

「はい」

「厳しい処罰をあなたに求めるご遺族の気持ちを聞かされていますよね」

「ちょうしょにもあるのでわかっております」

勝木氏の口から唐突に「調書」が出た。

「どう感じていますか」

「いまはただただあやまりたいとおもいます」

「あとほかに何ができるだろうか」

「あとはまだかんがえちゅうです」

暴走モード

「きょうの最初の質問にもどります。どうしてこういう事件になったと思いますか」

「こえをかけられればよかったとおもいます」

「最初の場面ですね」

「はい」

「ハンカチを使うことでお友だちになれると思いました?」

「ないとおもいました」

「おうちに連れてきた経緯とか、ああすればよかったとか、反省点はないですか」

「…」

数秒の間があく。

「…ぼうそうをとめられればよかったです」

「どうして暴走を止められなかったのか、自分で考えたことがありますか」

「…もういちどおねがいします」

「暴走モードに入った自分を止められなかったのはなぜだと思いますか」

「じぶんでもわかりません」

「これまで暴走モードになったことはあるんでしょうか」

「もういちどおねがいします」

「これまで暴走モードになったことはあるんでしょうか」

「…ただゲームにまけたときだけです」

「女の子の話にもどれば、死なずにすむ方法がなかったですか」

「ただあのときはわかりませんでした」

「いまは」

「いまでもまだわかりません」

「どうすればよかったか、いまでもわかりませんか」

「はい」

「帰りたいと言ったときに帰してあげればよかったのではないですか」

帰りたいと幸満ちゃんが言ったのかどうか、勝木証言でははっきりしていないのではないか。わたしは思った。それなのに、「帰りたい」と言ったことを前提に質問がなされている。勝木氏しか知らない密室での出来事なのに本人の証言がかくも軽く扱われてよいものか。

ゆっくりとした口調で勝木氏が答える。

「…そうですが、さきほどおはなししたとおり、わだいになるのがこわかったからです」

「話題にするとその後はどうなるのですか」

「こわい…けいじさんにたいほされるからです」

「こわい刑事さんに逮捕されるのがこわいから死なせたということ?」

「さいしょはそういうことでしたが、いまはちがいます」

「二年前の事件のことを聞いている。こわい刑事さんに逮捕されるのがこわいから死なせちゃったんでしょ?」

「…はい」

いまはちがいますと勝木氏は言った。どういうことか、何を言おうとしたのか。だがそれ以上の質問はない。土屋弁護士が言う。

「自分がつかまるのと女の子を死なせるのとどちらが正しい?」

「…ただゆうきがなかっただけです」

「もう一度質問するよ。こわい刑事さんにつかまるのと女の子を死なせるのとどちらが正しいですか」

「…」

勝木氏はうつむき、黙りこんだ。土屋弁護士が両手を組み、充血した目でにらむ。二〇秒、三〇秒…一分。一分半たったところであらためてたずねる。

「さっき、悪いことをしたら相手にきちんと謝るといいましたね」

「はい」

「泉谷しげるがどんなにこわくても、ちゃんと警察に言わなきゃならなかったんじゃないですか、いまそう思いませんか」

「…おもいますが、こわくてゆうきがなかっただけです」

午後二時三五分、また休廷が告げられた。最後のほうの質問は説教にちかかった。その意図を勝木氏が理解しているのかは疑問だった。

第4章　密室の迷路

「りょうくん」

外の空気が吸いたくなって裁判所を出た。やわらかな冬日が西に傾き始めている。千葉県警本部の建物が見える方向に歩いてみた。雑木林になっている広場は羽衣公園という。向こうにカメラをさげた若い男が歩いている。新聞記者らしい。公判を聴いてどう思うのか聞いてみたくもあった。しかし話しかけるのは面倒な心境だった。

すこし気分転換してから、おそい昼飯を求めて裁判所にもどった。一階ロビーにあった弁当は売り切れている。二階の売店で握り飯を二つ買い、二号法廷前に行った。ソファの上でくだんの男性記者が電話をかけている。

「きょうは飲み会…記者クラブの…」

かたわらの喫煙室では制服警察官がポケットに手を入れてタバコを吸っている。ほかに刑務官二人の姿もある。かれらは勝木氏が犯人だと思っているのだろうか。あるいは否か。それとも、どちらでもいいことなのか。

午後三時になり法廷が再開された。検察官による被告人質問だ。小柄な小池検事が質問に立つ。

「検察官小池から聞きます。諒《りょう》くんと呼びます。諒くん、きみの調べを担当した検事は、金子検事さんと仲戸川検事さんですね。わたしも検事という仕事をしています。ですからよく思いだして答えてくださいね」

「はい…」

りょうくん――猫をあやすような声で小池検事は勝木氏を呼び、質問をはじめた。

「この前の裁判できみの趣味だとかを書いた調書を読んだよね」

「はい」

「どんな本が好きですか」

「めいたんてい（名探偵）コナン。ブリーチ。ナガトや…マンガだとそういうかんじで、しょうせつだと、かいじんにじゅうめんそう（怪人二十面相）シリーズ…サスペンスです」

勝木氏は右手の小池検事のほうを向いて、たどたどしくも滑らかに答えた。

「今回きみがつかまった事件で、殺人というのがある。殺人という意味わかる?」

「テレビでみたのでわかります」

「殺人した人はどうなるのかな」

「…テレビでよくみてますけど…わかりません」

「山村美紗の小説とかテレビだと、最後に犯人はどうなるのかな」

「…わかりません」

「だれかに怒られたりするかな」

「…そこまでわたしはよく…テレビではみてません」

「推理小説で警察、刑事さんは出ているかな」

「けいじしかでてこないこともあります」

「犯人は刑事さんにつかまったりしませんか」

「はい」

「殺人した人は刑事さんにつかまったりするんじゃないのかな」

「はい」

「殺人は重い罪なのか、それとも軽い罪になるのかな、わかる?」

「…わかります」

「どっちだと思いますか」

「…」

勝木氏がすこし前かがみになった。マイクに頭がぶつかりそうになっている。沈黙は一分以上続いた。小池検事が言う。

「じゃ質問かえて。重い罪と軽い罪、これはわかるかな」

「はい」

「重い罪をした人はどうなる？」

「テレビではわかるけど…いみはわかりません」

「前に、悪いことをすると罰を受けるという話をしたことがありますか」

「…カネコけんじさんからきいています」

金子達也検事の名前がまた出てきた。よほど好感を持っているのだろう。

「うん。そういう罰はわかるかな」

「…」

三〇秒の沈黙を経て、答えた。

「…よくわかりません」

「大石弁護士さん、土屋弁護士さんの質問で、遺族に謝りたいと言いましたね」

「はい」

「それは本当の気持ちかな」

「はい」

「どうして女の子や遺族にごめんなさいと言いたいの？」

「…こんかいのじけんにたいしてのきもちです」

「だれかに悪いことをしたなって思うの？」

「はい」

「だれに悪いことしたと思う？」

「おんなの子といぞくです」

「そのときのことを聞くからね」

「はい」


「**お友だちになりたかった**」


勝木氏はまるで飼いならされた猫のようだった。優しい声で小池検事が聞く。

「今回この裁判で話を聞かれているのは、女の子を自宅に連れてきて、風呂に沈めて死なせて、遺体を置いてきた。そういうことでまちがいありませんか」

「…まちがいありませんが…おふろばのところなんですが、さきほどもいいましたように、ただだまって…ああ…もう…いてほしかっただけです」

「最初に（女の子に）会ったのはどこだった？」

「ハナイチだとおもいます」

「やあこんにちは、なにしているの、と言いたかったのかな」

「はいそうです」

「なぜ声をかけたかったのかな」

「ただそのときはおともだちになりたかっただけです」

「ほかにも女の子がいたと思うけど、どうしてこの子と友だちになりたかったの？」

「…そこまではかんがえてませんが…ともだちになりたかったです」

「でも声をかけられなかった？」

「はい」

「で、きみが取り調べのときに言った言葉では〈誘拐《ゆうかい》した〉？」

「はい」

「誘拐はしていいことですか」

「いいえ」

「はい」「はい」「いいえ」——イエス・ノーで答えさせる質問がつづいた。

〈…（供述調書は）認否型の質問が大半を占めている。オープンな質問、「何があったの？　自分の言葉で言ってみなさい」というオープンな質問はほとんどない。「やったの？」「やってないの？」「は

い」「いいえ」。そういうやり方の質問がほとんど。知的障害者である被告人には明らかに不適切な供述の取り方だ…〉

記者会見で副島氏は、富田拓・国立武蔵野学院医師の鑑定についてそう説明した。小池検事の聞き方は、この「不適切な」方法そのものにみえた。しかし弁護人は何も言わない。

小池検事の質問がつづく。

「誘拐したのはどこ？」

「ツルハドラッグのかどです」

「誘拐するときに周りのことは気にならなかった？」

「…さきほどもいいましたが…つうこうにんはいましたが…あまり…すこしはきにしました」

また「すこしは」が出た。

「うん。すこしは気にしたというのはどういうことかな」

「あるいているひとはそんなにきにしませんでしたが、くるまには…きにしたのはくるまでした」

「車のほうが気になった？」

「はい」

「それは理由がある？」

「りゆうはありませんでした」

「歩いている人はちかくにいましたか」

「ちがうどうろでした」

「ちかくにいなかった?」

「はい」

「歩いている人がちかくにいないというのは見てわかった?」

「さいしょはあるいていたので…そのつぎのときです…」

はあ、とため息のような声をだして勝木氏が下を向いた。数秒をおいて上を見る。その様子を見ながら小池検事が言葉をつぐ。

「〝つぎのとき〟は人がいなかったということ?」

「はい」

「それは、花一のことなのか、ツルハドラッグのときのことか。それともその後のことか、どちらですか」

「よくおぼえていませんが、たしか、ちゅうしゃじょうのあたりだとおもいました」

「ツルハドラッグの駐車場ですか」

「はい」

「誘拐するときにハンカチを女の子の口に当てた。これはどうしてですか」

「こうえんや、じゅうじろのところにひとがいましたから、そのひとたちにロリコンだとおもわれるのがいやだったからです」

食いちがう証言

ロリコンについての言い方が先ほどと微妙にちがっている。土屋弁護士とのやり取りはこうだった。

土屋　ハンカチを使ったときから自分の家に行こうと思っていたのですか。
勝木　さいしょはこうえんか…あとはわかりません。
土屋　公園じゃなく、自分の家に行くことに決めたのはなぜですか。
勝木　…ロリコンとはおもわれたくなかったからです。

弁護人に対しては、公園ではなく自宅に向かった理由として「ロリコンとは思われたくなかった」と答えている。ところが検事には、ハンカチで口をふさいだ理由として「ロリコンだと思われるのがいやだった」と言っている。話がズレている。

小池検事の質問がつづく。

「取り調べのなかでは、女の子に叫ばれたらアウトだから、と言っているんだけど、覚えている?」
「わすれました」
「いま思うのは、周りに気づかれてロリコンだと思われるから?」

「はい」

　よくわからないままつぎの質問にいく。

「家の中の話ですが、取り調べでは〈暴走モード〉という言葉を使っている」

「はい」

「ツルハドラッグのときは〈暴走モード〉じゃなかった？」

「じゃありません」

「暴走モードじゃないのに女の子を誘拐したのかな」

「…はい」

「小学校※の前の道を通った？」

「はい」

「どうして小学校の前の道にしたのかな」

「…いつもひとりでさんぽしているみちだからです」

「花一のほうの道をそのまま帰ろうとは思わなかった？」

「おもいません」

「それはどうして？」

「…ひとどおりがはげしくなるとおもったからです」

※東金クリニックに隣接する鴇嶺《ときがね》小学校。

「人通りが多いところだと、どうしていやだったの」

「さきほどいいましたように、そういうようにおもわれるのがいやだったからです」

検事のほうを向いて勝木氏は答えた。ロリコンと思われたくなかったということだろう。

秘密の通路

小池検事がつづける。

「小学校の前を通って、その後どうやって家まで帰った？」

「…すこししかおぼえてませんが、たしか、いえがふたつならんでいるところの…」

勝木氏が下を向く。数秒後、はっとしたように顔を起こすと言った。

「…つうろをぬけました」

「家と家の通路ということ？」

「はい」

「家というのは一戸建てかな」

「たしか二こくっついていたとおもいます」

一戸建ての意味がわかっているのだろうか。疑問に思いながら傍聴をつづけた。

「家と家の間をなんと呼んでいたのかな」

「ひみつのつうろ」

「山田刑事さんと金子検事さんにも言いましたか」

「はい。あとまだあります」

「何かな」

「ひみつのつうろ、けん、ひみつのとおりぐち」

得意げな様子で勝木氏は答えた。小池検事はあいかわらず優しい口調でたずねる。

「その〝秘密の通路〟を通るとき、小走りで行ったのかな」

「よくおぼえていません。…でも、はしったようなきもするし…」

「〝小《こ》歩《ある》き〟のように行った？」

「かのうせいもあります」

「〝小歩き〟というのはふつうに歩くより早い？」

「…わかりません」

「小歩き」という専門用語を介して小池検事は勝木氏と通じ合っているようにみえた。しかし、体重一八キロの幸満ちゃんをだいたまま、やすやすと早歩きをしたり走ったりできるものだろうか。

質問が「足バタバタ」のシーンになった。

「足をバタバタさせているのは覚えていると言いました」

「はい」

「なぜ女の子が足をバタバタさせるのがわかったんですか」

「さいしょはみてないんですが…あしおとがきこえました」

「顔は見えたかな」

「そんな…そのときは、あせっていたのでみてません」

「なにか言ってなかったかな」

「はい。なにもいってなかったとおもいます」

「手を動かしたり、体を動かしたりは」

「それはなかったです」

「それはどうしてかな」

「…」

左上方を見上げた。つぎにその視線を下ろし、勝木氏は答えた。

「そこまでおぼえていません」

土屋弁護士の質問のときと同じだ。「連行シーン」の情景が見えない。幸満ちゃんは手も体も、足以外は動さなかったという。理解しがたい。

自宅マンション到着後の場面にうつった。

「女の子を玄関で下ろすのと同時に鍵をかけたのかな」

「はい、どうじだとおもいます」

「いつも玄関の鍵をかけるのかな」

「はい」

「家にいるときは」

「いえにいるときもかけてます」

「お母さんがいっしょにいるときは」

「たしか、かけているとおもいます」

「お母さんが仕事に行って出かけているときは」

「たしか、おかあさんがしめて、ぼくがでかけるときもやっぱりしめます」

「このときに鍵をかけたのは女の子が逃げないようにということかな」

「はい」

「じゃ、鍵をかけないと女の子が出てきてしまうと思ったの？」

「…すこしはおもいました」

また「すこしは」だ。小池検事は猫なで声の質問をつづける。勝木氏は安心しきっているようにみえた。

手招きをした

「その後なんですがね……」

「はい」

「玄関から自分の部屋に移動している」

「はい」

「玄関から洋間に、女の子はどうやって移動したの？」

「……」

一〇秒おいて、勝木氏は答えた。

「まずじぶんからへやにはいって、たしか、てゝまゝねゝきしました」

「そうしたら、女の子が自分で歩いてきたのかな」

「だとおもいます」

「かかえてきたのではない？」

「……」

そうだろ、と勝木氏は小さくつぶやき、答えた。

「ちがいます」

首をひねりたくなった。玄関の幸満ちゃんに向かって勝木氏は手招きをしたという。むりやり連れてきたにしては平和的にすぎないか。

「手招き」について小池検事はふれず、部屋に入った後の状況を聞く。

「部屋に入ったときの女の子の表情はどうでした。表情はどのように見えたの？」

「…たぶん…わかりません」

「部屋で特撮モノの話をしていた？」

「はい」

「そのときは泣いたりはしてない？」

「そのときはないてませんでした」

「そのときは帰りたいというのはなかったかな」

「なかったとおもいます」

幸満ちゃんの表情は「わからない」という。そして「帰りたい」という発言も「なかったと思います」と勝木氏は言った。重要な場面だとわたしは耳を澄ませた。小池検事がたずねる。

「帰りたいというのは、なにかきっかけがあったのかな」

「…」

二〇秒ほど間があり、勝木氏はすこし頭を動かしながら答えた。

「わかりません」

「女の子が帰りたいと言ったのは覚えている？」

「…おぼえています」

「それに対してなんと言ったの？　帰っていいと言った？」

「…さきほどもおっしゃいましたように…」

勝木氏は言葉をのみこみ、「と…」と小さく声をだした。そして左前方に目をやり、数秒後、こう言った。

「…たしか…〈かえるな〉とは、いっていない」

「こわい声で〈帰るな〉と言った？」

「それはいってません」

こわい声で「帰るな」と言った——小池検事はそう言わせたいのだろう。だが勝木氏はきっぱりと否定した。「帰るな」とは言ってないというのだ。

「腹ではなく頭にきた」

質問が殺害シーンになった。

「女の子を風呂の水の中に入れたのは腹がたったから、ということなのかな」

「はらではなく、ただあたまにきてただけです」

「なにが一番頭にきたのかな」

「…たしかなきごえだとおもいます」

勝木氏は答えた。どうやって風呂に落としたのか、殺害シーンのディテールについて、弁護人と同様に小池検事もたずねようとしない。

「さっき土屋弁護士の話で、帰らせたらこれが話題になるかもしれないと思った。そう言いましたね。そう思ったのかな」

「…はい」

帰りたくない、と幸満ちゃんが言い、帰るなと勝木氏が脅した――調書にある事実を、小池検事はなんとか立証しようとしていた。そしてその試みがうまくいっているようにはみえなかった。

小池検事が質問をすすめる。

「殺したあと、警察に電話しようと思った？」

「はい」

「警察に電話しなかった理由はなんですか。もう一度説明してもらえますか」

「いずみやしげる（泉谷しげる）、きたおおじきんや（北大路欣也）とか、たくましん（宅麻伸）や、がっついしまつ（ガッツ石松）や、まつかたひろき（松方弘樹）や、うめみやあんな（梅宮アンナ）のおとうさん…ぽいひとです」

得意そうに勝木氏は言った。俳優の並び方が土屋弁護士のときと同じである。あらたに梅宮辰夫（梅宮アンナの父）が加わっている。だが答えになっていない。

「うん、そういう人が…そういう人がどうなのかな」

「そういうひとがでてきて、どなられるのがいやでした」

「刑事さんに怒られるのがこわかった？」

「さいしょのころはそうでした」

「こわいと表現しているが、怒られるのがこわいと…いう意味ですか」

「はい」

「警察につかまるというのは考えなかった？」

「それはあんましかんがえませんでした」

「ぜんぜん？　それともすこしはかんがえた？」

「さいしょはぜんぜん…かんがえてません」

そう答えて勝木氏は小池検事を見た。

「人工呼吸したら口の中から水と吐瀉物《としゃぶつ》が出てきましたね」

「はい」

質問が「人工呼吸」のことになった。

「吐瀉物ってなんですかね」

「…」

二〇秒ほど黙りこんだ後、検事のほうを向いて答えた。

「としゃぶつです」

「取り調べでは水と吐瀉物が出ましたと言っているけど、ゲボと吐瀉物はいっしょかな」

「えーと…ゲボよりはとしゃぶつのほうがいいかなと」

「言葉として自分にしっくりくるかなと？」

「…はい」

吐瀉物という言葉がよほど気にいっているようだ。小池検事が聞く。

「口から出た吐瀉物はどうしたの？」

「…」

一五秒ほどしてから勝木氏が答えた。

「たしか、バスマジックリンで…バスマジックリンとスポンジでゆかをそうじしました」

「どうしてそのままにしておかずに掃除したの」

「さきほどもおはなししましたとおり、うちのははおやにバレるのがこわかったからです」

「お母さんにバレるのがこわかったから？」

「はい」

「バレるとどういうことを怒られるの？」

「そこまではかんがえてませんが、たぶんおこられるとはおもいました」

「女の子のからだの水を拭いたんだね」

「はい」

「バレるのが不安だったと言っているよね」

「はい」

「どういうことが不安だったの？」

「…」

一〇秒の間があった。

「ふあんというより、ただこわかっただけです」

「なにがこわかった？」

「…」

三〇秒ほどの沈黙が過ぎた。

「そこまではかんがえていませんが…」

そう言いかけてまた黙った。二〇秒後、勝木氏は答えた。

「わかりません」

「じゃ、女の子がお風呂から出たとき、顔を見た？」

「…」

一〇数秒をおいて言った。

「あわててましたので、たぶんみてなかったとおもいます」

「苦しそうな表情をしてたのは見てない？」

「よくみてません」

死体を見ていないのではないか。

そんな疑念がまた浮かんだ。母親に発覚するのがこわいという一方で、殺したことに対する恐怖、死体に対する恐怖というものが感じられない。

服と靴をすてた場面

服と靴をすてた場面について小池検事がたずねる。

「女の子の服と靴をビニール袋に入れてすてましたね」

「はい」

「それはどうしてすてたの？」

「…」

沈黙が一分以上つづく。小さくうなり声を出してから勝木氏は答えた。

「…それも、さきほどおはなししたように、おかあさんにバレるとこわかったからです」

「女の子を置きにいったのはなぜ？」

「さきほどおっしゃったように、ははおやにバレるのがこわかったからです」

母親にバレるのがこわいと勝木氏はくりかえす。

「置きにいくときはちがう服装で行ったよね」

「はい」

「それはどうしてだったのかな」

「……かえたのはおぼえてますが……かえたりゆうは……わかりません」

首をひねって勝木氏は答えた。汗と雨で服はどろどろに汚れていたはずだ。だがその具体的な状況は出てこない。匂いもなければ重さもない。勝木証言にはリアリティーというものがなかった。

小池検事の質問はつづく。

「女の子を置きにいくときに、タオルとか毛布とか、そういうので包んでいこうとは思わなかった？」

「……」

二〇秒以上の間があく。

「……ただあせっていたのでわかりません」

「女の子を置きにいってね、自転車とすれちがったのは覚えている？」

「ただびっくりしました」

「どうしてびっくりした？」

「……」

一五秒の沈黙があった。

「ただすれちがっただけで、びっくりしました」

「人に見つかるんじゃないかとこわくなかった?」

「…それはすこしありました」

また「すこし」だ。本当にこわかったのだろうか。疑問は深まるばかりだ。

「それからね」

「はい」

「女の子を置きにいって友だちと会っているときだけど、パトカーとかを見て自分がつかまるとは思わなかったと言っているよね。先ほど。つかまるとは思わなかったの?」

「そのときは…あと…ヤマダけいじさんがくるまではわかりませんでした」

警察につかまるとは思っていなかったと、勝木氏はまた言った。

「(事件から逮捕まで)二ヶ月くらいあったと思いますが」

「はい」

「さっき言ったように、隠し通せると思ったってこと?」

「はい」

休廷が告げられた。

隠し心

用便からもどると、傍聴人はさらに減り、空席が二〇以上もできていた。小池検事の質問が再開される。

「こんどはつかまった後のことを聞きますよ」

「はい」

「最初は警察に正直に話していなかったことがありますよね」

「はい」

「どういう理由ですか」

「たしか、かくしごころです」

「隠し心とは、どういうこと？」

「さいしょはかくしとおせるとおもいました」

「じゃ、最初は隠し通せるなと思っていたんですか。どうしてそう思った？」

「こわかったし、ちゃんといっても、けいじさんの…あ…けいじにいってもしんじてもらえないとおもいました」

「でも途中から山田刑事と金子検事…」

そう言いかけた小池事に、勝木氏が口をはさんだ。

「カネコけんじはふつかめです」

「初日のときは山田刑事さんかな？」

「はい」

「ちゃんと話せるようになった理由は」

「ヤマダけいじさんがおこらずきいてくれました」

わたしは新聞記事を思いだした。逮捕直後はおびえて話さなかったが捜査員が優しく接すると徐々に話しだした――たしかそう書いてあった。この「優しい」捜査員のひとりが山田刑事だったのだろう。

小池検事がつづける。

「泉谷しげるや北大路欣也という話がありましたが、刑事は強面《こわもて》と思ってたんですね。山田刑事さんはどんな人？」

「さいしょはどっかのくみちょうかとおもいました」

傍聴席でだれかが笑った。

「じっさいは？」

「こわいがいけんとちがってやさしかったです」

「じゃ、山田刑事さんが怒ったりしなかったから次第に本当のことを言った、そういうことかな」

「はい」

「言葉で説明しにくいことはどう説明した？」

「たしかボールペンとかみをくださいといいました」

「紙に事件のことを書いたのかな」

「はい」

「乙二五証添付書類、最後から二枚目示します」——そう言って小池検事が書類を取り出し、証言台の勝木氏に見せた。裁判官が手元の書類をさがしている。ころあいを見はからって検事が質問する。

「これは言葉では言いにくいことを正直に書いたものですか」

「はいそうです」

別の書類を示した。

「乙九号証に添付されているもの。これはわかりますか」

「…」

「平成二一年四月一九日※の取り調べであなたが紙に書いたものです」

「はい」

「これも自分のやったことを思いだして正直に書いたものかな」

「そうです」

〝正直に書いたもの〟の中身を小池検事は読みあげようとはしなかった。土屋弁護士の質問で出た「本当にごめんなさいです」というメモと大差ないものだろうとわたしは想像した。

※起訴の二日後にあたる。

「イスが痛いだけです」

「それから…」

思案するような仕草で小池検事が言った。

「…昨年一月から三月くらいに千葉刑務所にいたとき、藤崎（美久・千葉大学医師）先生というお医者さんと話したことは覚えているかな」

「…あんましおぼえていません」

「覚えていない？　お医者さんと話をしたかな、とは。すこしはある？」

「はい」

「そのときに正直に話した？」

「たぶんはなしたとおもいます」

「きょう一日こうして話を聞かれたよね」

「はい」

「どういう気持ちで話をしたかな」

「…えー…ただ、いぞくのひとたちにあやまりたいというきもちです」

「きょう一日話を聞かれたけど疲れた？」

「だいじょうぶです。…ただこのイスがいたいだけでございます」

妙な言い回しに、また傍聴席で笑い声がした。

「取り調べのときに、裁判で緊張するんじゃないかと心配してましたよね」

「…は、はい」

「いま緊張している？」

「まだきんちょうしてますが、しょにちよりはだいじょうぶです」

「緊張するとどうなるのかな」

「…わかりません」

「朝、弁護士の質問に時間がかかったのは覚えている？」

「…」

「朝が苦手とかは」

「そんなことはありませんが、きんちょうするとしゃべれなくなります」

「取り調べのときも緊張するとしゃべれなくなるというのは本当ですか」

「はい」

尋問でしばしば長時間沈黙したのは「緊張」のせいである。小池検事はそう言わせたいらしい。しかし、わたしには緊張だけが沈黙の原因とは思えなかった。

「女の子には何を言いたいですか」

「ただほんとうにあやまりたいところです」

「どういうところを謝りたい？」

「さきほどもおっしゃったとおり、ちゃんとこえがかけられたらいいとおもいます」

殺人の記憶があるのだろうかと、わたしはあらためて思った。小池検事が聞く。

「土屋弁護士が言っていたように、遺族がきびしい処罰をのぞむのも当然ですか」

「はい」

「遺族にはどう言いたいですか」

「ただちゃんとあやまりたい」

「どう？」

「ただすみませんでした。もうしわけありませんでした」

検事の質問は終わった。時刻は午後五時ちかい。

「疲れてますか」

栃木裁判長がたずねた。

「いいえ」

首をすこしひねって勝木氏は答えた。

取材拒否

外はもう暗かった。裁判所の正面階段下に人垣ができている。土屋弁護士と記者団らしい。遠目に一枚写真を撮り、わたしはちかづいた。

「写真は使わないでくださいね」

ふいに弁護士がこちらを見て言った。予想外の反応に驚きながらわたしは質問した。

「無罪から一転有罪を認めたのはなぜですか」

「犯人性を争わないという方針になりました」

「なぜ」

「犯罪性があるからです。殺意もあった。だから最終の公判前整理手続で無罪は撤回した」

「唯一の物証である指紋は別人のものだという鑑定が出ていたが」

「証拠は指紋だけではありません。どちらのかたですか」

「フリージャーナリストの三宅勝久といいます」

「わたしは名刺をもっていませんので」

片手で名刺を受け取りながら土屋弁護士は言った。

「お名前を確認させていただいていいですか」

「土屋孝伸です」

大学ノートにメモを取っていると、土屋氏がまた思いがけないことを言った。

「名前は書かないでください」

「はあ。でも主任弁護人ですよね」

「そうです」

「主任弁護人ということであれば書かないわけにはいきません」

「じゃ、あなたは取材、おことわりします」

表情をかたくして土屋弁護士が言った。

「名前を出せない理由は…」

「申しあげられません。必要ないですから」

「無罪と言っていましたが…」

「あなたとお話しすることはありません」

とりつく島がない。

「逮捕状がおかしいのでは。令状請求の疎明資料が指紋だけでしたが」

「指紋だけではない！」

土屋弁護士はいらだちを露にし、横を向いた。

若い女性記者が笑顔で質問をはじめた。

「午前中はずいぶん時間がかかりましたが…」

「緊張ですね」

相好をくずしながら土屋弁護士は答えている。

「泣いてましたか」

「涙というのはなかったと思う」

土屋弁護士の答えを女性記者は真面目な顔でメモに取った。「無罪」に関する質問をした記者は、ほかにだれもいなかった。


もやもやした気持ちをかかえてわたしは千葉駅方向へ歩き始めた。その直後、検察庁を過ぎたあたりで若い男性に声をかけられた。

「三宅さんですか」

「はい、そうですが」

『冤罪ファイル』の記事を読んで傍聴に来たという。

「僕もおかしいと思うんです」

喫茶店に入って席につくなり、男性は関を切ったように話しはじめた。

——じつはわたしの弟が知的障害者なんです。法廷を聞いていて明白な疑問がいくつもありました。

けど、それが解決されないままどんどん裁判がすすむのを見てこわくなりました。自分の弟が同じ目にあったらどうなるのかと。供述内容を聞いて不自然だと思いました。知的障害者と接したことのない人が裁判をやっている。皮膚感覚がないから違和感を感じないのではないでしょうか。わたしは知的障害者の弟と一〇年暮らしました。その経験からいえば、被告人（勝木氏）は、自分のやったことを思いだそうとしているのか、供述の体験を思いだそうとしているのか、わからないですね。印象的だったのが「泉谷しげる、北大路欣也…」と俳優を並べるシーンです。最後は梅宮アンナのお父さん。供述調書を取ったときのことを思いだしているのだろうと思いました。なんど言っても順序が同じなんです。弟にもそういうところがありましたから。被告人を見た感じでは犯人ではないと思います。「暴走モード」という言葉も、エヴァンゲリオンのゲームからの引用ですよね。――

違和感を持ったのはわたしだけではなかった。それを知っていくぶん救われた心境になった。

第5章　調書の迷路

養護学校の担任教師

第三回公判は二〇一一年一月一二日午前一〇時から開かれた。傍聴希望者の数は前回より明らかにすくなく、抽選はなかった。

格式ばった法廷内撮影が終わり、裁判長の栃木力判事が今日もにこやかに訴訟指揮をとる。弁護側の提出証拠について土屋弁護士が早口で説明した。母子健康手帳、療育手帳、医師の診断書――

・二歳ごろ母親が発達の遅れに気づいた。

・知能指数（ＩＱ）は60、精神年齢八歳一〇ヶ月。

・ＩＱ57、精神年齢九歳一〇ヶ月という診断結果もある。軽度または中度の知的障害。社会適応能力Ｂ－２（日常生活で介助を必要とする程度の障害）。
・二〇歳直後の診断では、ＩＱ63、精神年齢六歳。「新しいことに対してはパニックになる」との所見。――

証拠説明が終わると、傍聴席からひとりの中年女性が柵を開けて法廷に入り、証言台に立った。勝木氏が通っていた東金養護学校高等部の担任女性教師でＹさんという。顔つきはやつれ、後ろで束ねた髪がほつれている。

弁護人の大石剛一郎弁護士が質問をはじめた。


「証人は東金養護学校の教諭ですね」

「はい」

「被告人の養護学校時代の担任でした」

「はい」

「教師歴は」

「二〇年になります」

「東金養護学校はどのような子どもさんが通っているんですか」

「おもに知的障害、発達障害の子どもです。諒《りょう》くんのように会話ができて文字の読み書きができるお子さんから話ができない子どもさんなどさまざまです」

諒《りょう》くん――勝木氏のことをY教諭はそう呼んだ。大石弁護士がつづける。

「被告人のクラスは何人？」

「諒くんの学年は一クラス七名の二学級で一四名。ほかに、病弱で通うことができず訪問学級の生徒が一人の合計一五名です」

「証人は被告人の高校時代の担任でしたが、三年間ずっと担任だったんですか」

「はい。一年は主担任、二、三年は副担任をやりました」

「被告人と証人の関係はどうでしたか」

「良好だったと思います」

「良好とは」

「日常的によく会話していましたし、とくに反抗的な態度はありませんでした」

「被告人の性格についてたずねます。どんな性格でしたか」

「とても温厚で優しかったという印象です」

「からかわれて怒ったり、暴力をふるったということはありましたか」

「そのような場面は、わたしは見ておりません」

「ひとなつこい」

勝木氏は温厚だったとY教諭は言う。大石弁護士がたずねる。

「クラスメートにからかわれたりしたんですか」

「多少は、そういうことはあったと思います」

「からかうというのは？　具体的には…」

「体型がぽっちゃりしているので、体型的なことをからかわれていました」

「バカと言われたりとかは」

「そのような場面は見たことがありません」

「周りの人と被告人の関係についてはどうでしたか」

「おしゃべりが好きで、自分を受け入れてくれる人には積極的でした。逆に、こわそうな人には自分からちかよらない。ほめられると意欲的に取り組む。ひとなつこい性格です」

「ひとなつこいというのは、具体的に？」

「ふつう、学校の生徒は放課後なにもなければすぐ帰るんです。ですが、諒くんは昇降口で友だちや先生とよく話していました。お母さんが仕事をしているので寂しいのかなと思いました。あまり長いときは〈早く帰るように〉と言ったこともあります」

「ほめられると意欲的になるというのは」

「運動が苦手で、できればサボろうとしていました。授業でマラソンやったらほとんど早歩き。でも、きょうは速かったね、とほめると、つぎの日は〈先生きょうもがんばります〉と言って。ほめられたり認められたりすることでがんばる姿がありました」

「被告人は、自分の言動が他の人にどう影響しているのかについては想像していましたか」

「想像しようとはしていましたが、十分ではなかったかなと思われる場面もありました」

「どんな場面？」

「先生は、通常はジャージを着ているんですが、入学式とかはスーツを着るんです。すると女の先生には〈きれいですね〉、男の先生には、〈かっこいいですね〉と言うんです。ありがとうと言うんですが、それを何度も何度もくりかえす。あまりほめるといかにもお世辞になるのでほどほどにしたほうがいいよと言ったことがあります」

きれいですね、かっこいいですね、とくりかえす様子をわたしは想像した。

「そういうことはよくありましたか」

「はい、たびたびありました。友だちとの関係でも、諒くんはよく話しかけるんですけど、相手が、しつこいなと態度で示していても話しかけつづけて、最後は〈うざい〉〈しつこい〉と言われていました。また、男性でも女性でも、話すときは距離がちかいんです。注意したことがあります」

「動作は器用だったですか」

「たいして器用ではなかったです」

「学校生活の様子はどうでした？」

「認められたくて時間いっぱいがんばっていました。ただ器用じゃないのでスピードでは注意を受けていました」

「ほかに気づいたことはありますか」

「家に一人でいることが多かったせいかもしれませんが、テレビ番組をよく見ていた印象がありました」

「小説を読んだりとかは」

「あまり記憶にありません」

「友だちとトラブルを起こしたことはありますか」

「はい、あまりありません」

貸布団会社に就職

おだやかで平和的、ひとなつこい。他者に認めてもらいたい。そういう性格を確かめたうえで、大石弁護士は質問をすすめた。

「養護学校の生徒にとって卒業後の進路はどんなものがあるんですか」

「一般就労、授産施設、あとは作業所などです」

「被告人はどういう進路が適していると思いましたか」

「一般就労か授産施設かと思っていました。簡単な作業なら丁寧にやろうとするんです。ただスピードが遅い。そこを理解してくれる所ならできると思いました」

「授産施設はちかくにあるんでしょうか」

「いいえ、通勤できるところにはありませんでした」

「じゃあ一般就労しかない」

「そうですね」

「貸布団店に就職してから連絡はありましたか」

「年に一、二回くらい電話がありました。二〇歳の成人を祝う会のときにも電話がありました。〈元気で会社に行っている、一日も休まず、遅刻・早退も一回もなく行っている〉と。すごいね、と話しました」

「最後の電話はいつでしたか」

「二〇〇八年の八月か九月ですが、〈会社をやめてしまった〉と電話がありました。声の様子はそんなに落ちこんでいる感じでもなかったです。わたしは〈学校の進路の先生に相談してね〉と話しました」

「それまで年二度くらい来ていたという電話の内容はどんなものでしたか」

「元気？　仕事どう？　と言うと、〈元気にしてます、先生はどうしてますか〉と。そんな内容です。年ごろの男の子だったので、必要以上に親しくすることは気をつけていました。過去に、青年学級で知り合った生徒から電話がきたり手紙が来たこともあったので…」

「いまふりかえって考えることはありますか」

「諒くんに関しては性的なことで接しているとは感じていなかったんですが、いま思えば、年一回ぷつんとかけてきたのを、理由を考えて接すればよかったと思います」

「最後の電話ですが。会社をやめた理由は聞かなかったんですか」

「そんなに落ちこんでなかったので。わたしも転勤して遠くに行っていましたので…。わたしは何もすることはできなかったんです。学校のほうで相談するのがいいと思って、そう言いました」

「事件についてどう思いますか」

「本当に信じられない気持ちでいっぱいです。おだやかで暴力をふるうというのもいっさいなかった子です。現時点でも信じられない気持ちです」

信じられない気持ちです――きっぱりとした口調でY教諭は言った。


「短気というのはない」

弁護人の質問が終わり、かわって大山検事が尋問に立った。

「被告人には他の生徒と比べて注目が低かったんですか」

「全盲の子どもさんもいますが、移動はつきっきりです。そういうずっとかかわる子に比べればすくなかったと思います。男の子なのでずっと干渉するのもよくないと考えて、遠くで見ているような感じです」

「供述調書によれば、自分は短気なところがあると述べているところがあるのだが、どう思いますか」

「わたしの認識不足かも知れませんが、学校の様子では、短気というのはなかったです」

「短気だと判断するのは基準があると思う。自分が短気だと思えば短気なのではないですか」

「いちど在学中にからかわれたことがあって、〈友だちで苦手な人はいないの？〉と言ったら〈からかわれても気にならないから〉と言って。大丈夫だなと思いました。短気というのはなかったです」

「あなたに不満を述べたりすることは」

「なかったです」

勝木氏の自称「短気」をＹ教諭は否定した。

「自分がロリコンと思われるのが嫌だ、と被告人は証言していますが、他人にどう思われるかを理解できたのでは」

「そういう周りの目を気にするという気持ちはあると思うけど、ピントがずれているのかなと」

「被告人が嘘を言った場面はありますか」

「嘘…。どうなの、と聞くとなかなか回答がなくて、こうなの、と言うと、ああそうですと。それが嘘なのかと言われると…」

考えるようにしながらY教諭は言った。

「仕事のことを聞きます。被告人がやめたという会社（貸布団会社）は学校で紹介したんですか」

「はい。在学中に実習をして決めたものです。二年生のときに体験的にやって、それで大丈夫だとなって、三年生では採用を考えて実習に行きました」

「実習期間は」

「三週間だったと思います」

「その仕事をやめたと聞いてどうしましたか」

「進路担当の男性教諭が東金養護学校に残っていたので、相談するように言いました」

「その後相談したと確認しましたか」

「しばらくして別の女性職員に聞いたときに、まだ（相談は）きていないと言っていました。その後（二〇〇八年）一〇月か一一月ですが、学園祭に来ていて会いました。元気がなかったです。お父さんの具合も悪いのでそのせいかなと思いました。落ち着いたら話をしようねと言いました」

検事の質問はそこまでだった。

法廷の緊張が緩んだ。右陪席の女性裁判官が身を乗り出してたずねる。

「養護学校でバカにされたとき、被告人はどんな様子だったんですか」

「諒くんに限らず男の子たちがやるんですが、足でけりを入れるんです。諒くんはけられると、〈いたた、やめてくださいよ〉と言って、すごく怒った感じではないんです。表情はおだやかです」

「バカにするというより、友だちのじゃれあいというか…そんな感じですか」

「ボコと音がするくらいのこともありますが、やり返す、言い返すということはありませんでした」

「学校生活が思い通りにならないようなときはありましたか。何かエピソードがあれば教えてください」

「思い通りにならないというのは…エピソードは思い浮かびません」

すこし間があいた。三人の裁判官が互いに小声で言葉を交わしている。真ん中の栃木裁判長が正面に向きなおり、笑みを浮かべて質問した。

「学校で生活するときに、食事のときに介護したりはあったんですか」

「ないです」

「通学は一人ですか」

「はい」

「一人で学校行って一人で帰った？」

「はい」

はいご苦労さまでした、と栃木裁判長が言い、証人尋問は終わった。証言台から引きあげるY教諭の脇で、勝木氏は首を垂れたまま固まっている。どんな表情をしているのか傍聴席からはわからない。

母親の証言

Ｙ教諭のつぎに福祉施設所長の尋問があり、つづいて勝木氏の母親が証言台に立った。黒いズボンとセーター姿。肘まである黒い長髪。勝木氏が犯人なのかどうか、何か決定的なことを母親なら知っているかもしれない――わたしは神経を集中させた。

弁護人の質問に対して、ゴホゴホと咳をしながら母親は証言をはじめた。

「息子さんは知的障害者ですね。どんな内容の障害ですか」

「発達障害です」

「生まれてからどのくらいでわかったのですか」

「…生後一年弱です」

「どういう状態？」

「ハイハイしなかった。それからモノをつかむことをしなかったことが一番最初に気づいたことでした。発達は遅かったです」

答える声はかぼそい。

「病院を受診しましたか」

「当時は幼児の定期検診のみです。その後、幼稚園か小学低学年のときに子ども病院を受診しました」

「どういう理由からですか」

「扁桃腺でN病院にかかっていたんですが、おかしいので子ども病院に行ったらどうかとすすめられました」

「診断結果は」

「知能が遅れている。そういう以外にこうしろというのはありませんでした。無力感を感じただけで、発達障害うんぬんに関しては病院に通うことはなくなりました」

「療育手帳をもらうときに診断を受けた？」

「はい」

「それ以外は病院に行くことはなかった？」

「はい」

「児童福祉施設に相談するような問題だとは認識していなかったんですね」

「はい」

「小学校は特殊学級に入ったんですね」

「小学校二年生から六年生まで。多動があったので二年生にあがる前に先生にすすめられました」

「中学は」

「一年から三年まで特殊学級にいました」

「勉強は」

「ぜんぜん勉強していなかったので…」

「ふつうの高校に進学を考えましたか」

「…したがって考えませんでした」

「友だちとケンカや暴力は」

「聞いたことがありません」

とつとつと証言をつづける母親の背後で、勝木氏は身じろぎせずに座っている。

「会話は」

「アニメのことが多かったと思います。声優とかオリジナルサウンドトラック…」

「興味あることで特徴的なところは」

「まず述語からしゃべる特徴があるので…それはだれなのか聞かないと話の流れがつかめない。彼の中で現実的なところと空想的な境があります。それが特徴です」

「言葉づかいで特徴は」

「ちょっと小難《こむつか》しい言葉を知ると使ってみたりとか、少女コミックを読むとおネエ言葉になったり。歴史小説を読むと武士言葉になる」

傍聴人が笑う。

「おネエ言葉、意味はわかっている？」

「たぶんわかっていないと思います」

小難しい言葉を知ると使ってみる——母親の話に合点がいく気がした。たとえば「吐瀉物」、あるいは「心音」。これらは意味がよくわからないまま発した「小難しい言葉」ではなかったのか。

「いつもニコニコしている人」

弁護人がつぎの質問をする。

「被告人の性格は？」

「おだやかで優しくていつもニコニコしている人です」

「優しいのはどういうところですか」

「わたしの勤務が遅いときは、帰宅を待ってかならず肩たたきとか…してくれたりするところです。とても優しいと思って感謝してました」

平静だった声の調子が一瞬高ぶり、涙でつまった。落ち着くのをみはからって弁護人がつづける。

「おだやかとは」

「仕事でストレスがたまってたまに人の悪口言ったときに、お母さん、そういうことを言っちゃダメといさめるんです。反省させられました」

「療育手帳に〈新しいことにパニック状態になる〉と書いています。覚えていますか」

「大好きな父親にすがって大声で怒鳴ったのが一度だけありました」

「お父さんとケンカをしたんですか」

「いいえ、わたしと父（夫）がケンカをしたら仲裁したんです」

「お父さんとの関係は」

「父はとてもかわいがっていました。目の中に入れても痛くないほどです」

「いさかいのきっかけは何だったんですか」

「思いだせません。父親はいつも諒の味方だったのに、たぶんそれをわたしがけなしたか何かじゃないかと今は思っています」

「それ以外に彼と生活して困った行動というのはありますか」

「直接わたしに迷惑というか、人の目を気にせず〝ごっこ遊び〟を堂々としていることがあるんです。わたしは、彼が楽しいのは認めるんですが、世間的にはおかしいのでいさめたことがあります」

「〝ごっこ遊び〟とは」

「歩道で一人セリフを言って笑ったり…そういうのです」

養護学校卒業後のことになった。

「平成一七（二〇〇五）年四月に布団リース会社に就職しますね」

「はい」

「どういう仕事ですか」

「返ってきた布団の側生地《がわきじ》をほどく仕事です。そのつぎに運搬の仕事だと思います」

「その後仕事が変わったんですか」

「はい。前任者がやめたというので、こんどは機械を使ってやる仕事だと聞いていました」

「被告人は仕事を楽しんでいましたか」

「入社したての〝布団ほどき〟は、パートのおばさんたちと話しながら楽しくやっていたらしいです。実習先はタオル部門だったのに入社したら布団部門で、本人には戸惑いがあったようです。布団の積みおろしは肩に載せてやるんですが、慣れた人なら五枚くらいだが自分は三枚がやっと。能力的に無理かなとこぼすことがありました」

「〝ほどき〟はうまくできましたか」

「はい」

「〝運び〟は」

「最初はうまくいかなかったんですが、彼なりにがんばって慣れてきていました」

知的障害者は力がない、布団三枚を運ぶのがやっとであるという副島弁護士の話を思いだした。それでも勝木氏は職場に慣れ、楽しくやっていたという。だがやがて機械部門に回され、苦痛を訴えるようになる。

「機械操作はどうですか」

「不得手で本人は訴えたらしいんです。できないからと。でも聞いてもらえなかったらしいです」

「時期は」

「本人に聞いていませんが、体調を崩しだしたころなので、三年目を過ぎたころだったと思います」

「なぜ機械操作をやることになったんですか」

「前任者がやめたからさせられたと聞いています」

「仕事に行かなくなったのはなぜですか」

「対人関係と、仕事ができないことだと思います。わたしより先に父に話をしていました。わたしはだいぶ経ってから、父親から聞きました」

「父親に言ったのはいつごろですか」

「八月ごろだったと思います」

「体調を崩したとおっしゃいましたが、いつ、どう崩したのですか」

「春ごろですが、胃腸炎で四、五日欠勤したんです。それが治ったら首が回らなくなって通院しました」

貸布団会社の上司について勝木氏が「うるさい狸ジジイ」と証言し、傍聴人を笑わせた場面を思いだした。ユーモアさえ感じたが、じつは胃腸炎を起こすほどの精神的ダメージを受けていたのだ。

「日曜日に遊べる友だちは一人だけ？」

大石弁護士がたずねた。

「はい」

母親が答えた。

「小中養護学校を通じていっしょだった友だちですか」

「特殊学級からの友だちです」

「その友だちとは日曜日しか遊べないんですか」

「はい、相手は仕事があったので」

「平成二〇（二〇〇八）年八月は父親といっしょでしたか」

「はい。九月のはじめに再入院しました。癌の再発です」

「本人はお父さんのお見舞いに行っていましたか」

「仕事に行かなくなってから父親と相談して、無理に行かせることはないと（退社を）認めて、そのかわり看病してと言いました。週に一回くらい行っていたと思います」

「九月の再入院のときに医師に宣告されたことを伝えましたか」

「諒にわかるように説明しました。覚悟しなきゃいけないと」

「本人の様子は」

「相当なショックを受けたようで黙りこんでいました」

母親の声がまた涙でつまった。

「いま、事件をふりかえってどう思いますか」

「ひたすらわたしの責任だと…息子がどうとかそういうのじゃなくて、いまはどう考えてもわたしが悪いんだと思います」

「被害者は小さい女の子ですね。ご遺族に対して言いたいことはありますか」

「本当にこれは…いくら謝っても謝り足りないし、償いようがない。ただただ申し訳ない思いでいっぱいです」

「これまでお詫びは」

「お詫びらしいお詫びはしていないも同然です。お手紙は去年の暮れにお出ししました」

「事件からお手紙を出すまで時間がたちましたが?」

「わたしが事件を受け入れられなかったし、半信半疑のままできてしまいました。申し訳ないの一言です」

「逮捕後に面会は」

「父親の葬儀のときに再会しました。事件から四ヶ月後くらいです。警察署のときは毎日、拘置所は週一回面会に行きました」

「本人の知的障害についてどう思いますか」

「いま思うとかなり軽く考えていました。彼の人柄がとてもいいと思っていました。周囲に迷惑をかけないようにしてくれればそれでいいと思った」

母親は涙声で言った。

「いま思うと、こうすれば…というのはありますか」

「もっと素直に、愛しているんだよと慈《いつく》しんであげればよかったと、ものすごく後悔しています」

「声をかけてあげることはありますか」

「いままでごめんね…と。本当に申し訳なくて…申し訳なくて、申し訳ない…その気持ちでいっぱいです」

質問者が土屋弁護士に交替した。

「被告人に対する対応がちがっていたというのはどういうこと？」

「社交性がない、排他的、人と意思の疎通がとれない、子どもと向き合えない…ちょっとひねくれていて。お母さん僕のこと好き？ と言ってきても、お母さん好きじゃないとかノリで言ってしまうんです」

「先ほど言った、いままでごめんねは、何に対してのごめんねですか」

「本当に…口に出して、態度で、愛しているよと言ってあげたことがなかった。わたしの心にはあったが態度で言ったことがなかった…説明になりますか…」

自分を責める言葉で尋問は終わった。勝木氏が犯人だとする決定的なものはみつからなかった。

「あんまし考えていなかった」

休廷をはさんで検事による追加の被告人質問が行なわれた。幼児を相手にしているような口ぶりで小池検事が勝木氏に質問する。

「逮捕されて最初のころは、隠したい一心で山田刑事さんと金子検事さんに隠していたが、その後で本当のことを話すことにしたのかな?」

「はいそうです」

勝木氏はたどたどしく答える。

「それから調書とってもらったり、自分で紙に書いて検事さんや刑事さんにわたしたんですか」

「はいそうです」

「ツルハドラッグの前で女の子を誘拐するときに、女の子の口にハンカチを当てたよね」

「…はい」

「これは女の子に声を出させないためですか」

勝木氏は首をかしげ、つぎにうなだれた。一〇秒ほどして顔を上げ、言った。

「…たぶんそうだとおもいます」

「声を出したら気づかれてしまうよね」

「…は、はい」

「この前、女の子といるところをみられるとロリコンと思われると話しました」

「はい」

「でも、誘拐はダメだとわかっていた？」

「…」

「撤回します。他の人にみつかると…誘拐はダメだと、つかまってしまうかもしれないというのは…わかるかな」

「…」

考えるように首をひねっている。数秒してから言った。

「…そのときはあんましかんがえてませんでした」

「ふーん。ただ周りの人に気づかれたくないというのはあったのかな」

「…すこしはありました」

誘拐の意味を勝木氏は本当にわかっているのだろうか。わたしは疑問に思った。小池検事はマンションの中での場面についてたずねる。

「家の中に連れてきたときですが、女の子が泣きながら〈帰りたい〉と言ったことがありますね」

「…はい」

「帰るな、と言ったのは一回だった？　それとも何回か？」

「…そこなんですが…たぶん、きおくしているのは一かいだったとおもいます」

「一回しかなかったとはっきり覚えているわけではない」

「…なかったとはおもいます」

露骨な誘導尋問だが弁護側から異議はない。

帰るなと言ったのか

「帰るな」の質問はつづく。

「山田刑事さん、金子検事さんに、〈帰る、帰らないで言い争いになった〉と話してませんか」

「…なんかいかというのはまちがってはなしたとおもいます」

「諒くんが書いているのでね。〈自分が帰るなと言って、女の子が、帰る、と〉と。調書にそうあるけど?」

「いっかいしかなかったとおもいます」

「じゃあ、一回言っただけで女の子に対して腹がたった?」

「…」

一〇秒ほどおいて勝木氏は答えた。

「…わかりません」

「ふーん。女の子に対してこの口調で〈帰るな〉と言ったことはないかな」

「たとえばどんなことでしょうか」

「言葉は〈帰るな〉という言葉だけど、脅すようなこわい口調で言ったことはないかな」

「…おぼえてません」

「ここも金子検事さんが、〈廊下に行ってから、帰るな、と脅す口調で言った〉と調べているんじゃないかな」

「…ヤクザみたいないいかたはしてません」

「金子検事さんには〈ドスのきいた声で言った〉と説明しなかった？」

「ふう…」

ため息をついて黙った。二〇秒の間があく。そして言った。

「わかりません」

「金子検事さんの調書には、〈やくざっぽいドスのきいた声で、帰るな、と言ってしまいました〉とあるが、そのように金子検事さんに話しませんでしたか」

「あの、ひとつきいてもよろしいですか…」

勝木氏が逆にたずねた。

「それで…あ…いつのちょうしょですか」

「平成二一年一月一〇日に作られた調書です」

「…いっ、た、お、ぼ、え、は、あ、り、ま、せ、ん、」

やくざっぽいドスのきいた声で「帰るな」と言った——そうかかれた金子調書を持ち出して同意を迫る小池検事に対し、勝木氏は「言ったおぼえはありません」と明白に答えた。供述調書の信用性を否定する重要証言だった。それでも弁護団に動きはない。

何ごともなかったかのように小池検事が質問をかえる。

「つぎの場面です。女の子を風呂の水につける場面。バカと言われてどんな気持ちになったんですか」

「…すこ、し、は、あたまにはきましたが…すこ、し、あたまにきただけです」

「すこししか頭にきてなかったんですか」

「…」

二〇秒の沈黙があった。

たぶん思いました

「…まああたまにはきました」

勝木氏が答えた。「暴走モード」という殺人を犯すほどの激高状態にしては、あまりにも迫力を欠いていた。小池検事がつづける。

「女の子に対して許せないなと思いませんでした？」

「……」

また黙りこんだ。一五秒、二〇秒、三〇秒。鼻息が聞こえる。三五秒を過ぎたころ、頭を上げて言った。

「もういっかいおねがいします」

「女の子にバカにされて許せないなと思いませんでした？」

「……わかりません」

「でも腹がたって女の子を水につけたんだよね」

「……はい」

「その女の子のことをいま覚えていない？」

「……」

マイクを通じて低いうなり声が聞こえた。

バカバカバカと言われて暴走モードになり、殺害した。この重要場面について、勝木氏の証言ははっきりしない。二〇秒を過ぎて、勝木氏はようやく言った。

「……たぶんすこしはおもいました」

「女の子にバカにされて、諒くんの言葉で〈許せんこの小娘め〉と思ったんじゃないですか」

「……」

小池検事は「りょうくん」と呼んだ。沈黙がつづく。四〇秒が過ぎる。

「…すこしはおもいましたが…ただ…いるす（居留守？）…はあ」

独り言のようにつぶやくとまた黙った。一分が経ち、一分半でやっと答えた。

「…すこしはおもいました」

「では、ここの気持ちについては、金子検事の調書のとおり、〈幼い子にバカにされて、許せんこの小娘め、と思った〉ということ？」

「おもったのはおもったのですが、ほんとうはていせいしようとしたんですが、いいだせなかっただけです」

小池検事は、力づくで勝木氏の証言を「金子調書」に押し込もうとしていた。これに対して勝木氏は「本当は訂正しようとしたんですが」と言った。殺害動機にかかるきわめて重大な発言だ。

だが、これも結局黙殺された。弁護人は動かない。小池検事が話題を変える。

「ところで話は変わりますが、本件以外で人からバカと言われたことはありますか」

「…かいしゃのときになんかかいもいわれました」

「そういうときに、バカと言った人に暴力をふるったことはないの？」

「…えーっと、これはほんけんとはかんけいないんですが、さっきおかあさんのはなしで…あのお…ちゅうがっこうのときはトラブルはなかったといってましたが、ちゅうがっこうのときに、ともだちとくちげんかはありました」

「ただ殴ったり暴力をふるったことはない?」

「…いっていいのかわかりませんが、ちゅうがく三ねんのときに、ともだちのほっぺたをひらてではたいたことがあります」

「それは、どうして友だちのほっぺたを平手でたたいたのかな」

「あたまにくることをいったからです」

「女の子の遺体を置きにいったときに、着がえていったよね」

「…はい」

「服を着がえたのは疑われたらいけないと思ったから?」

「…そうです」

「検察官からは以上です」

「認否型」の質問を連発して小池検事は質問を終えた。弁護人から追加質問はない。検事がイスに座ったはずみで、机上から分厚いファイルが音をたてて落ちた。ファイルを拾う小池検事の様子を、勝木氏は証言席からじっとながめている。

被害者代理人弁護士

検事にかわって被害者代理人の安福謙二弁護士が勝木氏の尋問に立った。老眼鏡をかけた初老の男性だ。被害者の弁護士が公判で被告人を尋問するというのも司法制度改革で導入された新制度である。

「わたしはね」と安福弁護士が切りだした。

「成田幸満ちゃんのお母さん、おじいちゃんから依頼されて、あなたに質問があります。…まず、ツルハドラッグで女の子をだきかかえた」

「…はい」

「その時点で暴走モードになっていたわけじゃない？」

「はい」

「誘拐が悪いこと、これは知っていますか」

「…えーっと、いちじきはきがどうてんしていて…」

勝木氏がそこまで言って黙りこんだ。安福弁護士は、ズボンの吊りバンドを左手で引き上げ、その手をポケットに入れて答えを待っている。気がせいているのか、ものの一〇秒でこう言った。

「じゃ、もう一回聞きなおすけど、女の子を無理に連れてきた。それはまちがいない？」

「はい」

「人を無理やり連れてくることが悪いことだという認識はありますか」

「…いまはあります」

「そのときはなかったということ？」

「いちじきは…」

「家に着いたときはどうですか」

「そのあとのことはおぼえていないだけです」

「ショッピングセンターやコンビニも歩いているよね」

「はい」

「いろんな店に行って、置いているものを、お金を払わずに持ってきたことはありますか」

「……」

「ないでしょう。そんなに考えなくても」

安福弁護士のいらだちが伝わってきた。勝木氏のほうは感情が高ぶる様子もなく、ゆっくりとした口調で話しだす。

「えーっと。いちおうカネコさんともはなしをしたんですが、ちゅうがっこう二、三ねんのときに一かいやったことはあります」

「そうだった。僕が忘れていた。それが悪いことだというのはわかります?」

「さいしょはできごころでやったので。いまはわかりますよ」

「出来心というのは、やってはいけないというのがわかっているということ?」

「はい」

「あなたは女の子を連れて帰って玄関の鍵をかけた。そして話をした。女の子が帰りたいと言った。あなたは帰るなと言った。いまのあなたの話では一回だけ。で腹がたった。すこし腹がたった。それで女の子を水につけて殺しちゃったんですか」

「…」

三〇秒ほど我慢して弁護士は口を開く。

「質問を変えるね。あなたは〝暴走モード〟に入ったと言っているよね。暴走モードに入ったからユキちゃんをお風呂場に連れていった？」

「はい」

「暴走モードに入ったきっかけを知りたい。一回の〈帰るな〉で暴走モードに入ったの？」

「…そのあとにバカを三かいいわれて、かいしゃのときのじょうけいがフラッシュバックして、ぼうそうモードになりました」

「女の子にバカと言われてあなたはバカにされたと思ったわけ？」

「そうです」

「でも女の子が帰りたいと言った…本当はなにか隠しているんじゃないの？」

「…」

勝木氏は右手前方に立つ安福弁護士のほうを見ている。


「感情が制御できなかっただけ」

「女の子を絶対帰したくない理由があったんじゃないの？」

安福弁護士が誘導尋問をした。

「ちがいます」

勝木氏は否定した。

「だったらなぜ帰さなかったの？」

「…」

鼻息が低くひびいた。安福弁護士が言う。

「あなたは女の子を自宅に連れて帰っていろんなことを話している。好きな色は、女の子はイエローと答えている。でもユキちゃんがイエローという言葉を知っているはずがない。お母さんは怒っています。本当にそういうことを言ったの？」

「…いいました」

「まだ話していないことがあったんじゃない？」

「ありません」

「バカバカと言われて殺した、それだけ？」

「かんじょうがせいぎょできなかっただけ…」

「感情が制御できなかったら殺すんですか」

「…はい…」

感情、制御――これも聞きかじった「小難しい言葉」ではないだろうか。

「前日の法廷であなたはこう答えています…つかまってから二年間、何を考えてきましたか」

「はい」

「どう答えたか覚えている?」

「ただひたすらあやまりたいとこたえました」

「はい、ただひたすら謝ることを考えていた――本当、本当なの?」

「…」

勝木氏は黙った。三〇秒が経ち、首を右にひねる。一分が過ぎた。安福弁護士は待ちきれない。

「本当に謝る気持ちがこの二年間つづいていたんですか」

「…」

「なら、質問を変えますね。あなたは弁護人の質問のなかでこう答えています。〈わたしは警察につかまった当時、向き合うことができませんでした〉。そう言いましたね」

「いったとおもいます」

「じゃ、当初は本当のことを言う気持ちになっていなかった?」

「はい」

「それはなぜ?」

「…いぜんのさいばんでもいったとおり…けいさつの…かんじがちょっとこわいと。さいしょはどんなけいじさんがいるのかわからなかったので、こわくていえませんでした」

「要するに、こわい警察官にしかられるんじゃないかと思って言いだせなかった？」

「はい」

「しかられるってね、悪いことをするとしかられるのは当たり前。そうじゃないですか」

「…」

「悪いことをしてもしかられなくてもいいとあなたは思うの？」

「…」

勝木氏は黙っている。質問の意味が通じていないようだ。

「じゃ、もうひとつ聞くけど、警察につかまる前、ユキちゃんを殺害して、裸のユキちゃんを路上に置き去りにするまで女の子に謝る気持ちがなかった。そういうことですか」

「…」

沈黙が一分間つづいた。

副島弁護士

「もう一度聞きますよ。諒くん、警察につかまる前、女の子に謝る気持ちはありませんでしたか」

「…すこしはおもいました」

「それを聞いて少しほっとしました。ありがとう。あなたは逮捕されてしばらく隠し心が出てなかなか本当のことが言えなかった。弁護人の先生に本当のことを言いましたか」

「…おぼえていません」

「弁護人の先生はあなたに、しかったり怒ったりしなかったでしょう」

「ぜんにんしゃはすこしおこりました。こええ」

傍聴人が笑った。前任者とは副島弁護士のことだ。謎の辞任をした副島《そえじま》弁護士の話に、わたしは興味を引かれた。

「副島先生は怒ったの？」

「わたしをふくめて、ほかのべんごしのわるくちをいいました」

「あなたの悪口を言うことはないよね」

「ソエジマせんせいがやめるまえに、わたしがてがみをだして、そのてがみのいいぶんのかきようのないいいようが、きにくわなかったらしく、おこってました」

副島弁護士が辞任する前に勝木氏は手紙を書いたという。どんな内容の手紙なのか。そして副島弁護士はなぜ怒ったのか。知りたかったが、手紙に関する質問はそれきりで、つぎにすすんだ。

「その手紙の内容はともかく、あなたは女の子を殺した、ひたすら謝りたいと弁護人の先生に話したことがありますか」

「たしかもっとあとだとおもいます」

「もっと後というのは副島先生がやめた後ということ？」

「はい」

勝木氏が自発的に手紙を書くとは思えなかった。きっと検察か警察かが書かせたものだろう。そしてその手紙の後に副島氏は辞任し、「勝木氏が犯人である」という弁護方針に変わる。僕がやりました――そういった内容が書かれていたであろうことは想像に難くない。

安福弁護士がたずねる。

「それまでは、ひたすら謝りたいということを弁護人の先生に伝えていなかったということ？」

「いおうとおもっていましたが、べんごにんのひとたちがいそがしそうだったし、ごちゃごちゃしていたのでいいだせませんでした」

「二年間だれにも言わなかったですね。お母さんにも。なぜですか」

「こわくてそうだんできませんでした」

「何がこわかったの？　あんな優しいお母さんじゃないの？　何がこわかったの？」

「いえをおいだされるか、なかれるか。さいあくショックをうけて、そっとうするかのうせいもかんがえていました」

「あなたのお父さんの葬儀は二年前（二〇〇九年）の一月五日でした。警察から一時的に出て葬儀場に行ったよね」

「はい」

「あなたがお母さんと二人きりになったことがあったよね」

「はい」

「あなたはそこでお母さんに、ごめんなさいと言ったんじゃなかった?」

「…ただともだちになりたかったのにすごくバカにされたんだといいました」

「ということは女の子を殺したことをお母さんに言ったんじゃないの」

「…」

「そのときに、だきしめてくれなかったの?」

「なきくずれていたのであまりおぼえていません」

本当の気持ち

「一月一一日、検察庁の取り調べのときに、あなたの字で〈ごめんなさい。本当にごめんね〉と書いたね」

「はい」

「これ、あなたの本当の気持ち?」

「はい」

「これを書いた以降、あなたの気持ちは本当に変わらなかったですか」

「……」

「弁護人の先生には言わなかったんですか」

「……」

勝木氏は黙っている。

「ならば、あなたの書いた書面を弁護人の先生から見せられたことはありませんか」

「……」

二〇秒ほどの沈黙の後、勝木氏が答えた。

「みたことはありますが、だれかはおぼえていません」

「その書面があなたの意思で書いたものかどうかを弁護士と話した記憶はあるの、ないの？」

「……」

「君が本当に、本当の気持ちとしてね、女の子に謝る気持ちがあるの、あったの？」

「……ソエジマさんがいなければいおうとおもいました」

「え、副島先生がいると言えないの？」

「あのせんせいはじぶんのはなしばかりで、こっちのはなしをきいてくれませんでした」

わたしは驚いた。勝木氏は副島弁護士を嫌っていたのか――。話を聞いてくれなかったというのが嫌いな理由だという。そして副島弁護士がいなければ「本当の気持ち」「女の子に謝る気持ち」を言うつもりだったという。だが、その「本当の気持ち」とは、本当に「幸満ちゃんを殺した」心境なのか。

副島弁護士に関する質問がつづく。

「じゃ、副島先生がおやめになって、いまの弁護人には話したの？」

「はい」

「ユキちゃんは二度と大好きなお母さんと会うことができません。あなたは会えるよね。大好きなお母さんと」

「…」

「でもユキちゃんはもう会えないんだよ。あなたは会うことができる。本当に謝る気持ちがあるならなぜもっと早く話してくれなかったんですか」

「…」

「昨年一二月の裁判でも、それ…謝罪をあなたから聞いていないよね。謝るのがどういうことかわかるんじゃないかな」

「…」

「終わります」

最後のほうは安福弁護士のひとり語りだった。

裁判官の質問

右陪席の女性裁判官が法壇から勝木氏を見下ろし、たずねる。

「ツルハドラッグの角《かど》で女の子をさらったんだけど、最初は声をかけようとして女の子の後をついていったんですか」

「はいそうです」

「どの段階で女の子をさらおうとしたんですか」

「こえをかけられるだんかいなら、こうえんとかショッピングセンターであそぶことはかんがえていました」

　段階の意味がよくわかっていないように思えた。

「花一の前ですれちがって女の子の後ろを追いかけているよね」

「はい」

「そのときは声をかけようと思った？」

「はい」

「ツルハドラッグの角を曲がったところで女の子が立ち止まった。覚えていますか」

「はい」

裁判官の質問も認否型の連続だ。

「あなたも立ち止まった？」

「たしか、ひきかえしたとおもいます」

「どの辺まで引き返した？」

「たしか…どうろがわのところまでひきかえしました」

「道路側というのは、ツルハドラッグの角の…」

「ちずをみればわかりますが…」

自分の体験を語るのに「地図」というのも妙な感じがした。

「道のところまで？」

「たぶんそうです」

「そこでは、女の子をさらおうと思っていましたか」

「…ともだちになろうとはおもいました」

「声をかけるということですか」

「はい」

「つづきですが、声をかけようと思っていたけれど、やっぱりさらおうと思ったのは、あなたはどこだったと思います？」

「…かどのとこだったとおもいます」

「やっぱりさらおうと思った原因は」

「こえがかけられなかったショックだったとおもいます」

「じゃ、さらってしまおうということですか」

「…」

勝木は黙りこんだ。声がかけられなかったからさらうというのは理解困難だ。その理由を勝木氏は説明することができない。沈黙が数秒間つづき、言いかけた。

「…すこしはちゅうちょしたが…きがついたら…あ、…」

そしてまたうなだれた。数秒たってから顔を上げ、言った。

「ま、いえまでむかっていました」

答えになっていなかったが裁判官は別の質問をする。

「この事件のころね、この女の子以外にもお友だちになりたいと思った子はいた？」

「いません」

「このときが初めてですか」

「はい」

「つぎの質問ですが…」

「はい」

「女の子をさらったり殺したり、遺体を置いてきたり。これは悪いことだと思いますか」

「はい」

「どういうところが悪いことだと思いますか」

「…もうすこしかんじょうのせいぎょと…あとは…まがさしたところがわるいとおもいます」

「自分が悪いことをしたのはあまり話したくないと思うけど、それでもここで話そうと思ったのはなぜですか」

「…じぶんのこころとむきあって…あとべんごしのせんせいとかおうえんしてくれるひとがいるので、そのためにがんばって…がんばりたかったからです」

「この裁判、ここ裁判所というところですけど。何を決めるところかわかりますか」

「…テレビではわかりますが…あんましわかりません」

「この裁判が終わったら自分はどうなるんだろう、そういったことは考えたことはありますか」

「…いろいろなべんごしのせんせいにもおしえてもらってましたけど、りかいりょくがあまりないのでわかりませんでした」

「いま、あなたのわかっている範囲で教えてもらえますか」

「…」

三〇秒の沈黙があった。

「説明するの難しい？」

「…」

どうみても訴訟能力がないじゃないか――わたしは声を出したい衝動に駆られた。この裁判が終われば刑務所に行くという冷徹な事実を、勝木氏はまったく理解していない。

感情のコントロール

栃木裁判長が白い歯をみせ、隣の裁判官と話している。左陪席の男性裁判官が前を向き、質問をはじめた。

「一点だけお聞きします。今回の事件を起こしたのは感情のコントロールができなかったからということですか」

「けいさつにつかまっているときもそうですし、いまもすこしそうおもっています」

感情のコントロールの意味が理解できているようには思えなかった。だが、裁判官はそのまま質問をつづける。

「事件の前に感情のコントロールができなくなったことはありますか」

「さきほどおかあさんがいっていたように、いちどおとうさんとケンカしたことはあります」

「いつごろ?」

「たしか八がつごろだとおもいます」

「事件のすこし前?」

「はい」

「何が原因」

「しごとのときの…しごとのときにでれなくなったので、せいしんめんにケチをつけられてかっとなりました」

「それ以外に何か感情のコントロールがうまくできなくなることで覚えていることありますか」

「さきほどけんさつかんのときにおはなししたように、ちゅうがくせいのときに、なかのいいおとこのともだちとケンカしたことがあります」

「いまここで思いだせるのはその二回くらいですか」

「はい」

最後は栃木裁判長の質問だった。

「藤崎先生というのは覚えている？　精神科の先生」

「…ちょっとメガネをかけているせんせいですか」

「昨年一月二二日にいろいろ事件のこと聞いた先生いるでしょ」

「…たしかあったとおもいます」

「そのときにぜんぜん覚えていないことを話したことがありますか。正直に話した？」

「…あしたのさいばんきかないと…じしんがないというか、あんましおもいだせません」

「はい、きょうはこれで終了します」

傍聴席の緊張が解け、ざわめきがながれた。

裁判長のいう「藤崎先生」とは、検察側が精神鑑定を依頼した千葉大学の藤崎美久医師のことだろう。「勝木氏に訴訟能力はある」と鑑定した人物である。

やはり有罪にしようとしているのか——栃木力氏のひとなつこそうな笑顔をながめながら、わたしは暗い気持ちになった。

第6章　法廷の迷路

藤崎鑑定

二〇一一年一月一三日。第四回公判は前回につづいて抽選がなかった。閑散とした空気さえ感じたが、身体検査は相変わらず厳しい。携帯式のＰＤ１４０型金属探知機で全身をまさぐられる。なんど経験しても気分のいいものではない。

午前中は鑑定医の尋問だった。まず検察側から千葉大学医学部の藤崎美久医師が証人出廷した。前回の法廷で栃木裁判長が名前を出した人物だ。医師の話は難解で、要点を書きとめるので精一杯だった。以下、証言の要点を列記しよう。

＊「暴走モード」――おそらく怒り――が続いた期間は長くない。本人の精神疾患（障害）は問題ない。

＊殺害行為による不利益について、被告人はある程度考えていた。

＊殺害現場について「自分の部屋ではどうですか」と聞いたところ、被告人は「刺したり血が出るので掃除もたいへんだから浴室を選びました」と答えた。殺人ということを被告人は理解している。善悪の判断もある。

＊職場のストレスは関係ない。

＊精神遅滞についてバカにされると怒りが出てくる傾向がある。

裁判官とのやりとり――

裁判官　怒りの感情が出てきて行動の意味が分からないまま犯行に及んだということですか。

藤崎　殺すのは悪いとわかっていたが、それより怒りのほうが強くて犯行に及んだ。

裁判官　掃除しやすいので浴槽を選んだ。そういう思考過程をとったと？

藤崎　はい。

裁判長　遺棄するときに白昼裸の女の子をかかえて行きました。他人から見れば発見されやすい。

こういう行動自体が、自分のやっていることがわからないということではないですか。

藤崎　わからなかったら家の中に死体を置いている。

裁判長　お母さんから怒られるから隠したということは？

藤崎　怒られるのをわかってること自体、意味をわかっているということです。

裁判長　白昼死体をすてたのは、怒られることがないと思っていたからでは？　だれが犯人かわかっちゃう、警察につかまる。ひるがえって、自分のやった意味がわからないとはならないんですか？

藤崎　いや、意味がわかっているということです。

藤崎医師の結論

訴訟能力→あり

責任能力→あり

高岡鑑定

つづいて弁護側証人の高岡健・岐阜大学医学部准教授に対する尋問が行なわれた。副島弁護団長のときには「供述調書は信用性がない」という鑑定書をつくった。だが、副島氏が辞任した後は、勝木氏が犯人だという前提に立って「訴訟能力」と「責任能力」に関する再鑑定を行なったという。以下は高岡証言の要旨である。

＊被告人は簡易鑑定でＩＱ48という結果が出た。

＊全ＩＱ※のみだと「軽度」だが、障害自体が軽いという誤解を与えるのでふさわしくないとの意見がある。

＊被告人質問で、裁判所は何をするところなのか、その後どうなるのかと尋ねられて答えられなかった。これは意図的に答えなかったのではない。

＊被告人は抽象的な概念が理解できていない。他者の影響を受けやすい。自尊感情を傷つきにくくするために容易に他者に合わせてしまう。

＊推理小説を読んでいたからといっても、自分の言葉で説明できない限りは訴訟能力があるとは言えない。

検察官とのやり取り――

※全検査ＩＱ＝ウェクスラー式知能検査（ＷＡＩＳ）の指標。同知能検査では、言語性検査七個と動作性検査七個の計一四検査を行い、言語性ＩＱ、動作性ＩＱ、全検査ＩＱ――の三種類のＩＱを判定する。

大山検事　意見書は何通つくったか。
高岡　今回のものとそれ以前のもの、二通だ。
大山　弁護団の鑑定依頼で、平成二一年一〇月六日と一一月二〇日に面会し、平成二二年一月一二日付意見書を作成している。黙秘権、罪状に関して理解がいちじるしく欠けている。供述も矛盾があり、理解にとぼしく、任意性を欠いている。こういうものでまちがいないか。
高岡　そうだ。
（中略）
大山　面接時間は。
高岡　一一月二〇日の面接は六〇分。制限されていた。
大山　責任能力にふれた発問等をしたか。
高岡　していない。
大山　面接のときに、犯行を否認する内容が含まれていたか。
高岡　あった。
大山　どういう？
高岡　たぶん本当じゃないと思うが、心臓に耳を当てたというのが調書に出てくる。心臓はどっちについているかわかるかな、と聞いたら「わかりません」と答えた。
大山　証人は調書が嘘と思って面会したのではないか。

高岡　それまでのやり取りの中で、心臓がどっちについているか知らないと思ったからそうたずねた。

高岡医師の結論

訴訟能力→なし
略取→責任能力あり
殺人→限定責任能力あり
遺棄→責任能力あり

心臓がどちらについているか「わかりません」。勝木氏は高岡医師にそう話し、犯行を否認したという。かつて無実を前提に供述調書の矛盾を指摘した高岡医師は、いま勝木氏の「犯人性」についてどう考えているのだろうか。できることなら本心を聞いてみたかった。

この日の法廷はこれだけで終わりだった。

裁判所への抗議

翌一月一四日、東京の自宅に千葉地裁総務課の小野という職員から電話があった。「質問」に対する回答を伝えたいという。

じつは、先だってわたしは法廷前の不快な身体検査について質問をしていた。「一般傍聴者」は荷物や携帯電話を預けさせられ、身体検査をされる。一方で任意団体である記者クラブ加盟の新聞・テレビ・通信社の記者は無検査だ。結果、クラブ記者が法廷内で携帯電話を鳴らすという醜態が一二月二二日と一月一三日の二度もあった。いったいどういうことか。腹に据えかねて、火ノ川忠・千葉地裁総務課長にあてて抗議の意をこめた質問を投げておいたのだ。

「記者クラブと携帯を鳴らした記者に注意してください。文書で正式に抗議したらどうか」

小野氏の電話はその回答だった。電話口の小野氏は気弱そうな声で告げた。

「記者クラブへの対応に関してですね…必要と思われる対応に関しましてですね…こちらとしては…行なっております」

「はあ…内容は？　具体的に教えてほしいんですけれども」

「内容についてては回答する必要がありませんので」

「回答できない理由はなんですか」

「いや、回答はいたしません」

まるで言葉遊びのような「回答」だった。

「きのう、記者クラブに文書で抗議してください、あるいは記者席の使用制限をしてくださいとお願いして、わかりましたとお答えいただいた。それに対して裁判所がどのようにしたのか、そういう質問なんですがね」

「必要なことはやりました」

「いや、必要なと言ってもわかりません。わたしがお願いしたことについてどうされたのか」

「必要なですね、対応をしておりますので」

「文書で、ということですか」

「それはお答えする必要性がありませんので」

「いや、わたしが抗議をしてくださいとお願いして、そちらがわかりましたと答えたのでね。抗議していない、必要ないというならそれで結構なんですが」

「…」

「わかりましたとお答えいただいたんですよ、なので…抗議したのかどうか」

「裁判所として必要な対応についてはやっておりますので」

「じゃ、抗議したということですか」

「だからその対応についてはしております」

「対応というのは、抗議したということですか」

「…」

「わたしは文書による抗議をお願いした」

「中身の対応についてはお答えする必要がないんで…」

「わたしがお願いして、そちらが、わかりました、と答えたから。それで何したんですかと聞いているんですが」

「必要と思われる対応はしておりますので」

「だれがしたんですか、それは」

「…」

「どこの部署が責任をもってやられたんですか」

「え…総務課で行ないました」

「文書でということですか」

「だから内容についてはお答えいたしません」

「じゃ、公文書開示請求させてもらっていいですかね」

「…」

情報公開でわかった嘘

業を煮やしたわたしは情報公開請求を申し立てることにした。記者クラブに注意なり抗議をしたのかどうかは、公文書の存否を確かめればわかるはずだ。電話を切ると、すぐに手続きを行なった。

〈千葉地方裁判所長御中〉

次の文書の開示を求めます。

①二〇一一年一月一三日勝木諒被告人事件の公判廷で、地元司法記者クラブ加盟社記者の携帯電話が鳴った問題について、千葉地方裁判所がとったとされる「必要な措置」の内容がわかる文書。

②この問題に関するすべての電子、紙文書（苦情の記録、クラブ加盟社に対する指示、要望を記した文書、クラブからの回答、面会、電話、メールの記録を含む。

しばらく経って結果を知らせる封書が届いた。封を切るとA４版の紙が入っており、こう書かれていた。

平成二三年一月一四日付け（同日受付）で申出のありました司法行政文書の開示について、下記のとおり開示しないこととしましたので通知します。

（中略）

開示しないこととした理由――そのような文書は存在しない。

「そのような文書は存在しない」という。法廷で携帯電話を鳴らした記者クラブ記者に対して、千葉地裁は、抗議も注意も何もしていなかった。これが民主主義をかかげる「法治国家」日本の裁判所なのだ。そう思うと腹立たしさを通り越して悲しくなってきた。

被害者の母親

一月二〇日、第五回公判の開廷は午後一時一五分で、いつもより時間に余裕があった。二階の法廷に行こうと階段を上る途中、検事三人と行き会った。紺色の風呂敷包みを手に談笑している。余裕の表情にみえた。

勝木氏は、黒い背広に白い開襟シャツ姿で法廷に現れた。チューリップ型に刈った長い前髪が、すだれのように顔にかかっている。

壁の液晶モニターに電源が入れられ、赤ん坊の写真が映った。生後まもない幸満ちゃんだ。小池検事が席を立ち、母親T子さんの供述調書を読みはじめる。

〈——生前の幸満について話します。この写真は生まれてすくすく成長していく様子を折りにいって撮影したものです。

幸満は平成一五年七月二六日、東金市内で生まれました。身長四九センチ・体重二九一四グラムの元気な女の子でした。予定日を二週間すぎても生まれる気配がなく、お母さんのおなかにもっといたかったのではないかと思いました。陣痛はほとんどなく、苦労かけずにありがとうという気持ちでした。元気に生まれたことがうれしくてしかたなかった。へその緒やベッドの名札をいまもとっています。幸満の顔つきはエラがはっていました。わたしの母もエラがはっています。血をひいているねと家族で話しました〉

眠っている新生児の姿が痛々しい。モニターの写真が切り替わり、小さな足形や、すこし成長した幸満ちゃんが映された。検事の朗読がつづく。

〈…産んで三ヶ月くらいからわたしは医療事務の専門学校に通うようになりました。その後、看護師の勉強もはじめました。幸満がはじめて言ったのが「ママ」でした。うれしかった。幸満がものごころつくまでに一人前の看護師になってその姿をみせたい、きちんとひとりで幸満が育てられるT子になりたいと思いました。

看護師になり、しばらく別の病院で働いていました。平成二〇年四月から、父が院長をしている金東クリニックで働きはじめました。予想に反して忙しく、休みがとれませんでした。休めるのは日曜の午後くらいでした。

休みの日には、病院から車で二〇分くらいのところにあるゲームセンターに二人で遊びに行ったりしました。幸満はゲームセンターの乗り物に乗るのが好きでした。「きょうは何するの?」と聞くと、「ワンワンゲームしたり、アイス買ったりする」と笑って言いました。病院ではひとりでテレビを見たりしていました。わたしが働いているのをわかっていて、仕事中に声をかけることはしなかったです。

七ヶ月のころから保育園に通いはじめました。保育園に行くのをとても楽しみにしていました。「マロンちゃん」「マロちゃん」と呼ばれて多くの人にかわいがられました。「マロン」は顔が栗みたいだからつけられたのかと思ったら、単に名前がユキマロだったからと聞きました。

年が上がっていくと「ゆきちゃん」と呼ばれるようになりました。プールもお遊戯もほとんど直接みることはできませんでした。保育園の先生がとった写真をみながら、仕事が終わった後に話をしました。「きょうプールに入ったの」と聞くのが楽しみでした。保育園で徒競走をすると家でも二人で徒競走の練習をしました〉

モニターに「お遊戯会」でダンスをしている写真が映った。ピンク色のスカートと白いブラウスを身につけて、両手をあげて観客に笑いかけている。つづいて、プールの写真、徒競走の写真――在りし日の幸満ちゃんが映っては消える。

〈仕事が忙しかったので、幸満といっしょにいる時間は短くても大切でした。自分で、ハサミで前髪を切って斜めになったことがあります。塾は、やりたくないと言ったらやらせるつもりはなかったのですが、公文《くもん》をやらせました。算数と国語です。友だちが英語をやっていたので、「英語やりたい」

と言いましたが、小学校にあがってからにしたいと思いました。もっといろいろ習わせたいと思っていたのですが、今回の事件でできなくなってしまいました。

ひとりで図書館へ行ったときのことを覚えています。心配で後からついていきました。すると信号の手前で右左をみて手をあげてわたりました。わたしは教えたことがないので、保育園で教わったのかと思いました。自転車を買ってからは自転車で友だちのところへ行っていました〉

壁のモニターには、教材の上で居眠りをしている幸満ちゃんが映っている。

事件の日

供述調書の場面が事件当日のことになり、しんみりした空気が一変して緊張感を帯びた。

〈事件の日は、午前中は祖母と町内会の清掃に行きました。帰ると「友だちの家に遊びに行ってくる」と言いました。なんどか行かせたことがあるので、「行ってもいいけどわたしの仕事が早く終わるから、終わったらゲームセンターに行こう」と言いました。幸満は「うん行こう」と元気よくナースステーションを出ていきました。それが最後でした。

病院の書類仕事を終え、わたしは昼すぎから院内で寝ていました。婦長から起こされて、東金で三、四歳の子が死体でみつかった、テレビでやっている、ユキちゃんは大丈夫か、と言われました。心配で友だちの家に行ってみましたが、そこに幸満の姿はありませんでした。図書館や中央公園を探しましたが、そこにもユキの姿はありません。病院にもどって看護師に聞きましたが「わからない」と言います。

わたしは警察に聞きました。「まだわからない」と言われました。

「早く会わせてほしい」

わたしは言いました。

しばらくすると「いま遺体が到着しました」と警察から連絡がありました。東金署の霊安室に通されました。白い布をとると幸満の顔でした。だきあげて泣きました。

「なんで、どうして」

つれて帰りたいというと「解剖するからできない」と言われました。

解剖に立ち会わせてほしいと言いました。かた時もそばを離れたくなかったからです。しかし警官から断られました。解剖に立ち会うことはできないというのです。いっしょにいた父に「帰ろう」と言われて帰りました。

数日後、遺体がもどりました。きれいなドレスを着せて化粧をしてやりました。できるだけ多くの人に、ユキが天国にいけるよう送ってもらいたいと思いました。

妹に葬儀の手配をしてもらいました。葬儀はできるだけ遅くしました。気が動転していました。葬祭場になんども行って歌をうたってあげたりしました。

ユキは患者さんにも声をかけてもらっていました。葬儀には保育園の友だちや患者さんも来てくれました。「ユキちゃんへ。いままで遊んでくれてありがとう」と保育園の子がいっしょに歌うのがながされました。

病院にも祭壇をつくってくれました。いまもあります。

いっこくもはやく犯人をつかまえてほしいと思いました。道を歩いてあやしげな人がいると「あの人が犯人では」と言ったりしました。

遊びに行かせたことを悔いました。自分を責めました。もっと遊んでやればよかった。遊園地につれて行けばよかった。おもちゃを買えばよかった——後悔しました。

幼いときはさびしい思いをさせるが、一人前の看護師になって胸をはって働く姿をみせてやりたいと思っていました。

わずか五歳で亡くなったことで、結局さびしい思いをさせただけでした。後悔しました。

被告人が逮捕されて、これで、なぜ殺されて裸で置かれていたのかがわかると思いました。ユキの無念が晴れると思った。捜査がすすんでいろいろわかってきましたが、ユキは帰ってきません。元気なユキを返してほしい。それだけです。

殺されたときに、とてもつらくてこわい思いをしたにちがいありません。この苦痛を犯人は知るべきです。同じような苦痛を受けるべきです。犯人がユキとおなじ命を奪われるのは当然です。命をも

ってつぐなってほしい。死刑をのぞみます〉
最後の写真は、祖父母や母親のT子さんといっしょにファミリーレストランのテーブルに座っている光景だった。

遺族の尋問

供述調書の朗読につづいて、幸満ちゃんの母親T子さんの尋問がなされた。傍聴席からの視界をさえぎった灰色のついたての奥で、T子さんが席につく音がした。傍聴人に起立がうながされ、宣誓が行われる。

「良心に従い真実を述べ…」

すこし低い声で、はっきりした口調だった。取り乱した様子はない。

「じゃ、どうぞ」

栃木裁判長の指示で尋問がはじまる。質問するのは大山検事だ。

「最初に確認します。犯人が勝木被告人であることを、いつ知りましたか」

「えーと。朝（二〇〇八年一二月六日）の逮捕のテレビを見てです」

「報道を見て知った？」

「そうです」

「被告人が幸満ちゃんを無理やり拉致して自分の家につれてかえった未成年者略取の罪で告訴していますが、略取したとはっきり知ったのは？」

「その日です。告訴した日です」

「どういう経緯ですか」

「刑事さんが説明してくれて、くわしいことをうかがってわかりました」

「無理やりつれて帰ったことを刑事から聞いたと？」

「はい」

「だれがそう言っていると？」

「本人が警察で述べたと…」

わたしはため息をついた。被害者はもちろん、遺族に責はない。だが、だれをどう罪に問うかは別の問題だ。まだ裁判にもなっていない段階から被疑者に関する情報を警察官が非公式に漏らす。それを記者クラブの大新聞・テレビが垂れ流す。無責任きわまりないあいまいな情報をもとに遺族感情がつくられる。被疑者に対する世間の感情もつくられる。

この野蛮な風景は、わたしが新聞社にいた一五年前と何ひとつ変わっていなかった。

大山検事がつぎの質問をする。

「東金署の霊安室で遺体と対面しました」

「はい」

「そのときの気持ちをあらためて教えてください」

「はじめユキとはちがうと思って白い布をとったんですが、でも、とってみた顔がユキの顔で驚きました。同時に自分のなかでガラガラと崩れる音がしました」

「看護師の姿をユキちゃんに見せたいと述べていますが、証人にとってユキちゃんはどういう存在ですか」

「いつもいっしょにいて…何をするにもいっしょにいましたし。やっぱり愛する一番の大事な。一番愛する一番大切な宝物みたいな存在でした」

「休みの日はどう過ごしましたか」

「いっしょに買い物したり、公園や図書館に行きました」

「そういう生活は事件後、一変したのですか」

「はい」

「どのような生活になりましたか」

「何をするにもひとりぼっち。休みがあってももうすることもなくなったので…休みという休みも必要なくなりました」

「ユキちゃんのことが頭から離れることはありますか」

「いえ」

「どういうことが頭にありますか」

「ユキと行ったお店のこと、ユキが〈これ買って〉と言ったオモチャ屋で一生懸命あそんだことなど。病院でも、勉強していた部屋思いだしますし…」

「ご両親はどんな様子？」

「父は仕事に追われています。笑顔が消えました。母は仕事をやめて家に引きこもることが多くなりました。あの日、自分がユキをあなたのところに置いていったからこうなったんだとときどき言われています」

「指紋不一致」の報道

「指紋が一致しない、といったことを報道で見ましたか」

「はい。確信をもって報道されているので、もしかしたら犯人じゃないのかなと思って動揺しました」

「その後弁護側が〈争わない〉と」

「はい。なんでかしらと驚きました。争わないならなんでこんなに時間がかかったのかと」

「被告人の調書を聞いたりして、被害状況を聞いてどう思いますか」

「おおまかな、ユキが誘拐されて殺されて、遺棄される、おおまかなところは刑事さんに聞いていましたが、被告人の部屋で悲しい、つらい思いをしていたのを公判で聞いて、そんなつらい目にあったんだ、助けてあげられなかったのを親として悔しいと思いました」

「どの場面が一番つらい？」

「被告人を目の前にして、泣いて泣いて、それしか抵抗する方法はないと思うので、本当にこわかったと思うので、つらかったです。そのときのユキの気持ちを考えると、こわかっただろうし、逃げだしたかっただろうし…」

「裁判に出席したことでユキちゃんのことを思いだすことが増えたというのはありますか」

「あります。裁判がはじまるまでは、元気なころのユキを思いだしていましたが、はじまってからは、霊安室にいるときや葬儀場にもどったときの冷たくなったユキを思いだすことが多くなりました」

「解剖からもどってきたユキちゃんはどんな姿でしたか」

「全身包帯でまかれて、その下に縫ったあとがありました」

「手紙などで謝罪は」

「ありません」

「（勝木氏の）母親からは手紙がきた？」

「はい、きました」

「どう思いましたか」

「これは…どういう意味の手紙か疑問に思いました」

「謝罪の手紙とは思いましたか」

「たぶん謝罪の手紙だとは思いましたが、中身は謝罪が遅れた理由のお手紙でした」

「被告人の母親の証言を聞いてどう思いましたか」

「被告人が犯人かどうかまだわからないというふうに聞こえました」

「謝罪しようという気持ちは伝わりましたか」

「あまり…わたしには、謝罪しているようには聞こえませんでした」

「処罰についてはどう思いますか。さきほども、供述調書で〈命をもってつぐなってください〉と述べていますが」

「…直後はそう思いましたが、いま思うのは、もっと被告人には自分の犯した罪に向き合ってほしいと思いました。もっと向き合って反省してもらって、謝罪してほしいと思います」

「それにはどういう刑を望みますか」

「一生かけてほしい…」

「刑務所に入るという意味ですか」

「そうです」

T子さんが死刑を求めなかったことにわたしは驚いた。

「軽度の精神遅滞があるから刑を軽くするという意見がありますが」

「知的障害は今回の事件とは関係ないと思います。知的障害のある方ならこんな事件は起こさないと思います」

「犯行前の状況と犯行後の状況を聞かれたと思いますが、違和感はありますか」

「普通の犯罪と変わらないと思いました。そこに知的障害があるとか関係してないと思いました」

「被害者の母として、軽度知的障害があるから刑を軽くするというのには納得できますか」

「できません。知的障害があってもなくても関係なく許せません」

「公判で被告人の証言を聞いて感じたことは」

「質問に対して黙秘した…と思いましたので」

いくら説明されても勝木氏が理解できなかった「黙秘」という言葉を、T子さんは最後に口にした。

浮かんできた疑問

T子さんにつづいて祖父の尋問がなされ、証人調べはすべて終わった。もはや公判は最終段階に入った。残るのは論告求刑と最終弁論だけである。

なぜ弁護団の方針が無罪から有罪に変わったのだろうか——疑問を晴らすべくわたしは裁判所に通い、法廷で交わされる一言一句に耳を澄ませてきた。初公判をのがしたのは残念だったが、第二回公判から第五回公判の論告求刑まで傍聴できたのは幸運だった。

だが、被告人質問や関係者の尋問をひととおり聞いたいま、事件は霧に包まれたようにぼやけてしまった。輪郭がみえるどころか、あらたな疑問ばかりが浮かんでくる。

暴走モード

まず殺害動機の「暴走モード」である。頭にきて暴走モードになり殺害したという。だが、暴走モードの具体的状況について聞かれると、腹がたったのかどうかすら明言できなかった。また、法廷でみる勝木氏はあまりにもおだやかだった。ケンカらしいものは人生で二度だけ、親や学校の先生など親しい人も、口をそろえて、温厚でひとなつこい性格だと証言した。「短気なところを突かれた」と勝木氏は言うものの、短気というのは本当なのか、本当に我を忘れるほど激高したのか、疑わしい。

誘拐場面

誘拐シーンも不自然だ。白昼の街中で女児をかかえて連れ去るという手口は、大胆というより大雑把で無謀だ。声をかけられなかったから口をふさぐという動機や、口をふさいだ後にハンカチをポケットに入れ、だきあげるという動作もつじつまが合わない。ハンカチをポケットにしまったのであれば、つぎの瞬間から幸福ちゃんは大声で助けを呼べたはずである。自転車を乗り回す健康な五歳児である。知らない男に無理やりだきかかえられれば騒ぐだろう。周囲には大勢の人がいた。ところが幸満ちゃんの声をだれも聞いていない。勝木氏も人に見られることを恐れていない。これらの状況をどう理解すればよいのか。

「足バタバタ」の謎

つぎは、マンションまで連行する道中である。勝木氏は布団三枚しか運べないという。法廷でみた印象からも、体力がなく運動が苦手であることは明らかだった。体重一八キロの五歳児をかかえて三三〇メートル歩くなど無理だ。記者会見で副島弁護士が言っていたとおりである。健康な大人であっても休み休みでないとできない。もし本当に拉致・連行したのであれば、ふだん経験しないような重労働をやったことになる。だが法廷で勝木氏が語った言葉のなかに、苦労したとか、重かったといった話はない。

何より「足バタバタ」の奇妙さである。連行中の幸満ちゃんについて勝木氏はこう証言している。

＊幸満ちゃんは抵抗しなかった。
＊しかし足はバタバタさせた。
＊「バタバタ」の動作は見ていない。
＊しかし音を聞いてわかった。
＊幸満ちゃんの表情は見てない。

あり得ない話ではないだろうか。

かかえて連行したことを裏づける物証はない。九月二一日は雨が降る蒸し暑い日だった。密着して人間を運べば汗が付着する。幸満ちゃんが抵抗して引っかき傷やあざが出来た可能性もある。長時間からだをかかえていれば被害者の皮膚に内出血が生じるかもしれない。ところがそうした痕跡はない。目撃や声を聞いたという証言もない。誘拐場面をとらえたとされるビデオ映像はきわめて不鮮明であることがわかっている。

疑問だらけの連行場面なのだ。

マンション到着後

マンションに到着して以降の様子も釈然としない点がいくつもある。一階入り口のところで勝木氏は幸満ちゃんを片手でだきなおし、暗証番号を押して開錠した。さらに三階の自宅前でも片手だきにして鍵を開けたという。体重一八キロの女の子を腹側にかかえて三三〇メートル歩き、なんども片手に持ちなおす。スポーツ選手なみの怪力だ。勝木氏にそんな真似が出来たのだろうか。

室内に入る様子がまた不自然だ。勝木氏の証言によれば、自分が先に部屋に入り、玄関付近にいる幸満ちゃんを室内から手招きした。さらに部屋の中に入った二人は、アニメの話をしたり漫画やテレビを見たという。無理やり連れてきた直後の行動としては理解しがたいものがある。

そして、三日間にわたる家宅捜索の結果、部屋や家具、本類から幸満ちゃんの指紋や髪の毛は発見されていない。足あともない。

「帰りたい」「帰るな」

帰りたがっている幸満ちゃんに対して勝木氏が「帰るな」と脅したとされる場面も謎めいている。新聞報道によれば、勝木氏は当初「帰れ」と幸満ちゃんに言い、帰らない様子に腹をたてたという話が紹介されている。それが、時間がたつと、「帰りたい」と幸満ちゃんが言い、「帰るな」と勝木氏が脅したと変わる。検察ストーリーもそういう話になっているのだが、被告人質問で勝木氏は、「帰りたい」と幸満ちゃんが言ったかどうかはっきりと答えられなかった。また「帰るな」と脅した場面も、本当にそう言ったのか明言しなかった。

供述調書にあるからという理由で、「帰りたい」「帰るな」が事実として一人歩きしている。わたしの目にはそうみえてならない。

殺害場面

殺害場面はどうしようもなく不可解である。風呂の水にどうやって落としたのか、具体的な状況について勝木氏は法廷で一言も語らなかった。どうやって運び、どうやって落としたのか。殺意はあったのか。そこで何を見たのか。ディテールが完全に抜け落ちている。

風呂に落とされそうになれば激しく抵抗するだろう。声も上げたはずだ。水の中では、手足を全力でばたつかせ、手の爪で勝木氏の腕を引っかくだろう。勝木氏の目には水中で苦しむ幸満ちゃんの顔が入り、強烈な印象が残ったはずだ。しかし、具体的な状況は語られていない。

水から引きあげた場面についても、足から引きあげたのか、それとも頭からか、あるいは腹をかかえたのか、わからない。重かったのかどうかも不明。勝木証言にはリアリティーがない。

殺人に対する恐怖も感じられない。「こわい」という表現を勝木氏は何度も使ったが、殺人、死体に対する恐怖ではない。風呂に入っても思いださないとすら答えた。死体を見ていないのかと疑いたくなる。

ついでにいえば、死因も釈然としない。当初は報道で「鼻口を塞いだことによる窒息死の疑い」とくりかえされていた。ところが、勝木氏が逮捕されると溺死に変わった。肺に少量の水がみつかったことが溺死と判断した理由になっている。しかし肺の水の成分が風呂水のそれと一致したという情報はない。

奇妙な「人工呼吸」

人工呼吸も不自然である。なぜ人工呼吸をしたのか、勝木氏は理由を説明することができなかった。また、人工呼吸をしたのは服を脱がせた「後」だったと証言した。人工呼吸をすれば「水と吐瀉物が出てくると思った」とも言った。水が出てくることは予想できても、「吐瀉物」までは普通の人は考えつかないだろう。母親の言うとおり「小難しい言葉」を意味もわからずに使った可能性はないか。

もとより、人工呼吸をめぐる一連の行為には物証がない。幸満ちゃんの吐瀉物はバスマジックリンで掃除したという。ならば幸満ちゃんの衣類に洗剤が染みているはずだ。しかし、公判を聞く限りそうした事実はない。風呂場から大量の髪の毛を採集したとも報じられているが、幸満ちゃんのものは一本もなかった。

さらに、尿の付着状況とも矛盾する。当初の報道に、幸満ちゃんのパンツに尿が付着しているかどうか千葉県警が鑑定したという話があった。付着があれば殺害時に服を着ていた可能性が高い。一方、付着がなければ脱がせてから殺害した恐れがある。はたして鑑定の結果は「尿の付着なし」だった。幸満ちゃんは裸で殺害されたとみるべきところ、着衣のまま風呂に沈められたことになってしまった。なぜパンツから尿が検出されなかったのか、この点について合理的な説明はない。

衣類と靴

衣類と靴の入った二つのレジ袋についてみてもおかしなことだらけだ。報道によれば、マンション駐車場に停めた車の下に「隠すように」袋があったという。ひとつは後部トランクの下、もうひとつは助手席側の後輪前あたり。犯人が隠したものとみられていた。ところが、勝木氏が逮捕されると、「三階から投げた」と一変する。では、上方から投げられた袋がどうやって車の下に入ったのか。この点について説明はない。

そして袋については指紋の問題がある。千葉県警は「合致」と判断したが、齋藤保氏や上野正彦氏による鑑定は「別人の指紋」だ。結局、副島弁護士の辞任後、千葉県警の「合致」鑑定だけが証拠採用された。弁護人は異を唱えるのをやめた。

だが、齋藤鑑定のどこに問題があったのかについては何も語られていない。本当に県警の鑑定を全面的に信用してよいのか。

髪の毛とDNA型

「髪の毛」にもひっかかる。衣類や靴の入っていたレジ袋の中から三本の毛髪がみつかり、うち一本が勝木氏の母親のものとDNA型が一致したと、初公判の様子を伝える『千葉日報』にある。

しかしこれとて「本当だろうか」と首をひねりたくなる。一般的に、毛髪からDNA型を鑑定するのは困難だと言われているからだ。STR型検査という通常の警察で使用している鑑定方法は、毛根に付着した細胞からDNAを溶かし出し、遺伝子情報を増幅する処理をしてからフラグメントアナライザーという機械で測定するというものだ。したがって、毛髪が古かったり毛根の状態が悪ければ鑑定できない。ほかのDNAが混入するなど汚染があった場合も精度を欠く。一本の毛髪だけでうまく鑑定できる確率はきわめて低い。

古い毛髪からDNA型を鑑定する方法にミトコンドリアDNA検査と呼ばれるものがある。しかし日本の警察でこれができるのは科学警察研究所だけだ。東金事件の毛髪鑑定を同研究所でミトコンドリア検査法を使ってやったという情報はない。勝木氏の母親のものと一致したという千葉県警の毛髪鑑定は疑ってみる余地が多分にあるのではないだろうか。

消えた目撃証言

目撃証言をめぐっても釈然としない点がある。事件発生からしばらくの間、午後〇時直前に金東クリニックで複数の職員が幸満ちゃんを見たという話がくりかえし報じられていた。また午後〇時過ぎに雨の中を走っていたという目撃証言も、捜査本部の話として伝えられている。これが事実なら勝木氏の犯行はあり得ない。正午すぎから午後〇時二六分のわずか一五分間に、別の何者かが殺害したことになる。

これらの証言はなぜ消えたのか。——

公判をふりかえり、わたしはやはりこう結論したくなるのだ。

「勝木氏はやっていない、無実ではないか」

論告求刑

千葉地裁二号法廷では、検察官による論告求刑がはじまっていた。大山検事が早口で読む。

「公訴事実に争いはない。十分に立証されている。争点は責任能力にある。本件犯行は完全責任能力のもとで行なわれた。

被告人には軽度精神遅滞があるが、本件犯行は精神疾患による症状下で行なわれたものではない。藤崎鑑定人の証言によれば、〈軽度精神遅滞は明らか〉〈犯行当時は気分の大きな変動――幻覚、妄想がないことも明らか〉という。藤崎鑑定は、検査・面接をもとに行なったもので、信用できる。…」

聞くまでもない。内容は想像がついた。要するに勝木諒は凶悪な殺人犯だから重罪にしろと言いたいのだ。――

いわく、友だちになりたくて声をかけたがうまくいかず「帰る」「バカ」と言われて殺意をいだいた。遺体を家に残せば母にしかられるので外にすてた。犯行動機は十分に理解可能だ。

いわく、被告人は逮捕を恐れていた。浴槽内に沈めれば死ぬことを理解していた。犯行後は掃除をした。濡れた服を脱がせタオルで拭いて服と靴を外に投げた。人に見られるのがこわかったと供述している。行為の意味を理解していた。

いわく、裸の遺体を運んだり自宅ちかくに服と靴をすてるという稚拙な犯行は本人なりに発覚を遅らせようとしたものだ。

いわく、人がいないことを確認して女児にちかづいたり証拠隠滅をはかるなど計画性がある。

いわく、どうすれば自分を不利・有利になるかを理解して供述・証言をしている。熟慮したうえで「わからない」と答える場面が多数あった。訴訟能力があることは明らかだ。

いわく、結果はきわめて重大で取り返しがつかない。きわめて悪質である。

いわく、確定的殺意をもって風呂に沈めた。犯行は大胆かつ残酷で粗暴である。

いわく、五歳の子どもが見知らぬマンションに連れ込まれれば「帰りたい」と泣くのは当然である。それを殺して遺体をすてたのは短絡的かつ自己中心的で悪質である。

――等々述べた上で求刑を告げる。

「本件は通り魔と同じ防ぎようのない殺害事件である。軽度精神遅滞を考慮しても有期の長期刑が相当である。懲役二〇年を求刑する」

勝木氏はじっとイスに座っている。求刑懲役二〇年。この意味をどの程度理解しているのか、わたしには知るよしもない。

非難された副島弁護団

つづいて被害者代理人弁護士の論告求刑が行なわれた。しゃがれた声で安福弁護士が言う。

〈――長期の公判前整理手続がなされた。訴訟能力がない、心神耗弱――を主張しているがそれらの主張をまとめるのになぜ起訴後一九ヶ月もかかったのか。二〇一〇年一一月一二日にいたるまで、弁護側は犯人性を争い、供述は誘導に基づくものだとして信用性はないと述べていた。よほどの確たる証拠と覚悟がないとできない主張である。被害者はこれを真摯に受け止め、注視していた。弁護人によって指紋の資料が報道機関に開示された。それをもとに犯人は被告人ではないとされた。このようなことが公判前整理手続中に行なわれたのは到底容認できない。公正さが担保されない方法で行なわれた。あるまじきふるまいである。弁護人の姿勢に疑問をおぼえる。

検察官提出の証拠の多くを不同意とした。たいして証拠も覚悟もなしで、無理な主張をしていたのだろうか。

突如、被害者への謝罪があった。隠し心をなおし、犯罪性に真摯に目を向けることをさせなかった。どうして更正させることができるのか。被告人は「ただひたすら謝ることを考えていた」と述べている。被告人の意思を無視して弁護人は犯人性を否定してきたのである。被害者参加人としては無期懲役を求める――〉

なかば漫然と聞いていたわたしは我に返った。

「あるまじきふるまいである」

「公正さが担保されない方法で行なわれた」

副島弁護士が記者会見で「指紋の不一致」を公表したことについて、口をきわめて非難している。

副島氏の辞任は記者会見が原因だったのか――。わたしはそう思った。だが、指紋鑑定を独自に行い、無実を争う方針を公表したことがなぜ非難されなければならないのか。どこが「公正さが担保されない方法」なのか。裁判は密室でやるべきだとでもいうのだろうか。

きょうの法廷はあわただしい。安福氏の論告が終わり、入れ替わりに土屋孝伸弁護人が最終弁論を行う。

「……彼も母親も事件を重く受け止めなければいけない。被告人の発言の内容が不合理で、問いとかみ合わず、ふざけていると思う人もいるかもしれないが、これが精一杯の彼の姿である。彼は訴訟能力を有しておらず、公判停止すべきである。

……いかんともしがたい事情が数多くあった。障害を持って生まれたことは彼の責任ではない。支援がなかったことも彼の責任ではない。被告人には訴訟能力がなく、公判停止を求める。あるいは公判をする場合は、略取・遺棄については責任能力があるものの、殺人については限定的な責任能力を問うことを求める」

弁論の内容は、肝心の事実関係を除けばしごくまっとうだった。しかしどうしようもなく迫力を欠いていた。公判中、弁護側は異議申し立てをしなかった。供述調書を丸ごと認めるという弁護方針。無罪推定どころか有罪確定といいたくなるような弁護だった。なぜそこまで検察の言いなりになったのか。

「あるまじきふるまいである」

副島弁護士に対する激しい非難の言葉を、わたしは心の中でくりかえした。そしてひとつの推論を立てた。

ある推論

――二〇〇八年九月二一日の事件発生から二ヶ月たっても手がかりがなく、千葉県警の捜査は行きづまっていた。東金署管内では以前にも未解決の殺人事件が起きている。あせった警察は、知的障害ゆえに「不審者」とみられていた勝木氏に目をつけ、見込み捜査をはじめた。勝木氏の指紋を入手してレジ袋の指紋と照合、強引に「合致」との報告を上げて逮捕令状を請求し、逮捕した。マスコミは警察情報をもとに報道競争を大規模にくりひろげ、「勝木が犯人」だとの圧倒的な世論をつくった。起訴できるかどうか不透明で、起訴になったとしても公判での苦戦を予想していた警察にとって、マスコミを味方につけることは必須の課題だった。

逮捕後、勝木氏の供述は要領を得なかった。内容は二転三転する。だが、優しく接することで信頼を獲得し、有罪に持ち込めるだけの調書を取ることに成功する。「溺死」にしては幸満ちゃんの肺に少量の水しかないという矛盾を説明するため、「人工呼吸」を創作した。口の周りに吐瀉物がついていた理由を説明するために、人工呼吸をしたら吐瀉物が出たという話をつくりあげた。

金子検事や山田刑事は自分の味方であると勝木氏は信じていた。彼らを喜ばせよう、彼らに認めてもらおうとがんばった。そこへきて副島弁護士が「無実だ」と言いだした。「指紋」を根拠に「無実」の声をあげはじめた副島弁護団を検察・警察は警戒し、勝木氏に「犯人は僕です」という上申書を書くよう働きかけた。大好きな検事らの求めに勝木氏は従った。そして依頼人との信頼関係を破壊された副島弁護士は弁護団長を追われる。

検察の調書も起訴事実もすべて認めるという方針に大転換した新弁護団は、公判がはじまった時点ですでに完敗していた。事実関係を認めたうえで公判停止や限定的責任を求めたものの、かつて無実を主張したことを難じられ、圧倒的に不利な立場に追いやられた。裁判は、もはや検察の言うことを追認するだけの儀式にすぎなかった。――

これはあくまでも推論であり、想像の産物にすぎない。ただ、そうでも考えないことにはわたしの中のもやもやした気持ちが収まらなかった。肺の水の鑑定、爪の微物鑑定、衣類に付着した体液類の鑑定結果、髪の毛の鑑定経緯、そして指紋…。検察が持っている未開示の証拠を総点検すれば勝木氏の無実が晴らせるのではないか。そんな気がしてならなかった。


土屋弁護士が席についた。

「それでは被告人、まえへ」

栃木裁判長が言った。勝木氏が証言台に向かう。あらかじめ打ち合わせをしてあったのだろう、ゆっくりとした動作で紙を取り出すと、たどたどしい口調で読みはじめた。

「…いぞくのみなさまへ。ほんとうに…」

首をかしげた。数秒の間があき、つづけた。

「…ごめんなさい。…いますごくこうかいしています。…ほんとうにもう…ただただひたすらあやまりたいとおもいます。かくしごとでこのさいばんをおこなうことがおそくなり、まことにもうしわけありませんでした。…でもあやまりたいきもちはあります。ほんとうにもうしわけありませんでした。

すいませんでした。ひたすらひたすらあやまりたいです。…ですが、どうかわたしのはは̀の̀ことはおこらないでください。おねがいします。わるいのはぜんぶわたしです。ですからははをせめないでください。おねがいします…」

「いいですか？」

栃木裁判長が言った。

「はい」

勝木氏は手に持っている紙を書記官にわたし、軽く頭を下げた。

審理終結と判決日が告げられた。大きな背中がいつもよりしおれていた。ちらと横顔がみえた。目が赤かった。はじめて見る泣き顔だった。その涙が何を意味するのか、あるいは母親のことと何か関係があるのか、わたしははかりかねていた。

裁判という芝居

春の匂いがする二〇一一年三月四日。青空にヘリコプターが舞い、道端にはテレビ中継車と借り上げタクシーがひしめく。判決日をむかえた千葉地方裁判所は、さながら春祭りのにぎわいだった。

この日は久々に傍聴券の抽選が行なわれた。わたしははずれた。しかし落胆はなかった。

午前一〇時になり、判決言いわたしがはじまった。「一般傍聴者」と表示された扉の覗き窓から法廷の中を見た。向こうで裁判官が話している。手前で勝木氏が聞いている。声はまったく聞こえない。

傍聴席が数席空いているのに気がついた。座らせてくれないか、とそばにいる職員に言った。

「傍聴券がないと入れません」

職員はにべもなく断った。どこかのマスコミ会社が抽選で傍聴券を取り、不要になったので放置しているのだろう。腹は立たなかった。

一〇時を数分すぎたところで、「司法記者クラブ記者出入口」とかかれた扉が内側から開き、数人の記者が飛び出してきた。

「一五年！」

興奮した声が聞こえた。それで十分だった。「勝木諒被告人に懲役一五年」というニュースがまもなく日本中を巡ることだろう。無罪判決、あるいは公判停止にかけたかすかな期待がはずれたと知り、わたしは二号法廷を後にした。

一階のロビーでは、記者たちが走り回り、せわしなくパソコンを叩き、電話をかけている。似顔絵を小脇にかかえた法廷画家の男が目の前を歩いていく。彩色された「勝木諒」は、実物とはとても似つかない、目の吊りあがった悪人相にえがかれていた。

「芝居だ」

ふいに思った。検事も弁護人も裁判官も、だれかの頭の中で作られた雑な台本に沿って、それぞれの役を演じただけではないのか。マスコミが舞台と観客席を盛りあげ、裁判所の職員が裏方を務める。

台本にケチをつける邪魔者は追いだせばよい。主役はむろん、勝木諒である。彼は自分の「大役」をみごとにはたし、芝居を成功させた。信頼する「山田刑事さん」や「金子検事さん」の期待にこたえた。それが自らを檻《おり》に入れる作業であるとも知らずに。

陳腐で大がかりな、そして恐ろしい芝居を見ているような錯覚に、わたしは陥っていた。

あとがき

地下鉄丸の内線霞ヶ関駅のA1出口を出て東京地方・高等裁判所を訪れると、訪問者の職業によって入り口が二つに分けられていることに気がつく。向って右側が「一般来庁者」用、左が「職員・弁護士・検察庁職員等」用である。一般者は手荷物をX《エックス》線探査装置に通し、全身を金属探知機で調べられる。一方「左」の人たちは、チラと身分証やバッジを遠目に見せるだけで入庁できる。この、検査をしなくてもよい「左」の人たちがどのくらいいるのか、以前しらべたことがある。その結果、三〇万人以上にのぼると知り、おどろいた。全国の裁判所職員二万人、検察庁職員一万二千人、弁護士三万人、警察官二五万人、各種記者クラブに所属している新聞テレビの社員が推定数千人。この人たちは、入庁目的が職務かどうかにかかわらず、無検査で入ることができるのだ。

つまり、警備としてはほとんど意味のない「検査」である。警備の抜け穴を公然と見せているという点では、むしろ有害といってよいだろう。その無意味な検査をやるために、民間警備会社を雇い、年間一億円以上の税金を費やしている。

こんなばかげたことをなぜつづけているのか。実態を知った後、わたしは裁判所に対してなんどとなく説明を求めてきた。だが「警備上の理由でやっている」という以外、内容のある回答はなかった。庁舎管理の総責任者である東京高裁事務局長は、やがて最高裁の局長に転進していった。

こうした光景を観察するうち、わたしはつぎの推論を持つに至った。

――税金をつかって「一般」人だけを検査する真の目的は、庁舎警備などではない。公然と差別をすること、それ自体に目的があるのではないか。

二〇年前に訪れた南アフリカ共和国最大の都市ヨハネスブルグの光景を思う。トイレや役所、駅舎など、あらゆる施設に「有色」用と「白色」用の二つの入り口があった。悪名高きアパルトヘイト（人種隔離）政策の残骸であった。日本の裁判所がやっているのは、このアパルトヘイトと相似形の差別政策ではないだろうか。よく回転する頭脳と高い地位、大きな権力を持つ司法官僚と仲間たち。そしてそれ以外の「一般」人たち。この二者は対等ではない、同列に扱ってはならないのだ。そういったメッセージを広めるためにこそ入り口を差別的に分けているのではないか。

むろんこの国に、かつての南アフリカのような明文化された差別制度はない。国民は平等であるという憲法を掲げる国の「法の番人」が、なんら法的な根拠なくやっている。東京地裁・高裁の「アパルトヘイト」は、日本社会の地下に深く広く根を張った差別を可視化した「裏差別のショーウインドウ」なのかもしれない。

本書で報告した「東金女児殺害事件」も本質的には差別の問題にいきつく。自分の身を守る術を知らない障害者を、知恵と権力のある者たちが寄ってたかって犯罪者に仕立て上げてしまった。こういうと異論のある読者もいるかもしれない。だが、万が一勝木諒氏が犯人だとしても、疑わしきは罰せずという推定無罪の原則に立てば彼は無罪になるべきだ。訴訟能力がないことは明白ではないか。

しかし、勝木氏は無罪にはならなかった。結果、多くの人を「幸福」にしたにちがいない。勝木氏が無罪である可能性に目を閉じた人たち――裁判官、検察官、警察官、弁護士、大マスコミ…。

勝木諒氏が「金子検事さん」と呼んで信頼していた金子達也検事は、事件後東京地検公判部副部長、同公安部副部長に出世した。そして「刑事裁判の密室化を招く」との批判が強い「刑事訴訟法281条の5」（証拠の目的外使用罪）という悪法を全国ではじめて使い、山本兼吉さんといういち不動産業者を起訴した。山本さんは、最高裁の法廷警備員に対する公務執行妨害罪に問われていたのだが、暴行を受けたのは自分のほうであり、冤罪だと訴えていた。だが裁判所が事実究明に消極的だったため、法廷警備員側の言い分に嘘があるとして、警備員ら国家公務員だけが写った「実況見分写真」を公開した。すると突然逮捕・起訴され、犯罪者の汚名を着せられてしまったのだ。

いわば冤罪発覚の芽を摘むのに一役買った金子検事は、さらにその後、宇都宮地検の次席検事に昇任し、記者クラブメディアに日々情報を流す仕事をしている。

権力は腐敗し、堕落する。そして歴史の常として、腐敗権力を手中にした者が、属性のちがう他者を自分と同じ人類だと認識できなくなったとき、人権は侵され、残虐行為が横行する。無実の者を刑務所や刑場に送っても痛みを感じなくなってしまう。

勝木氏が法廷で語ったジグソーパズルのような数々の言葉を反芻《はんすう》しながら思う。

「ボクはにんげんです」——差別を克服できないこの暗い日本社会に対して、彼はそう告発していたのではないだろうか。

※

本書の骨子となったのは雑誌「冤罪ファイル」とインターネットニュースサイト「マイニュースジャパン」で断片的に発表した記事である。同時代社の高井隆氏の力添えにより、一編の報告として書き下ろし、世に問うことができた。ご協力いただいたあらゆる方に、この場を借りて深く感謝申し上げたい。

なお、取材のきっかけとなった副島洋明弁護士が本書出版の直前に逝去された。偏見と差別にさらされた知的障害者の人権救済に情熱を注いだ故人のご冥福を心よりお祈りする。

二〇一五年二月二六日、著者

資料　捜査記録メモ

2008年9月21日

・午後零時26分、千葉県東金市東上宿の路上で5歳女児が全裸で倒れているのを通行人が発見。

・午後2時30分頃、現場から100メートル離れたマンション屋外駐車場で、被害者のTシャツ、半ズボン、下着、運動靴が入ったレジ袋発見。

・医師による死体検案「窒息死の疑い」

・実況見分（遺体の状況）「全裸の死体であり、鼻部から白色微細胞抹を認め右上肢外側、背部の肩甲部から腰部にかけて若干の乾血の付着」

9月22日

・司法解剖（千葉大大学院法医学教室・岩瀬博太郎准教授）。

9月24日

・人体付着DNA型鑑定（千葉県警本部科学捜査研究所）「遺体を拭いた綿棒からヒトDNA検出。ヒト精液の付着は証明できなかった」

10月6日

・衣類鑑定（千葉県警本部科学捜査研究所）「ヒト唾液の付着は考えられたが、血液、精液の付着は証明できず」

10月14日

・ビデオ解析結果「参考人Aが午後零時18分ごろ、普通乗用車で現場付近を通行、マンション脇のコンビニに立ち寄った」

11月29日

・捜査報告書（レジ袋発見者＝警察官＝による状況）「袋の取っ手部が二重に結ばれた状態」「中身を確認したところ、子ども用の青色系衣類等が在中」「結び目はもどさずに、当時降雨していた状況だったことから内容物が濡れない様に取っ手部を折り込むようにして元の位置にもどした」

12月1日

・勝木諒画像解析報告「9月21日のマンション横にあるコンビニの防犯カメラ画像を解析した結果、午後1時半～3時すぎにかけて友人と2人で計4回出入り」

12月5日

・勝木諒の逮捕状請求。

12月6日

・死体遺棄容疑で逮捕／マンションの家宅捜索開始。3日間実施したが被害者の指紋・毛髪など痕跡発見されず。

・警察弁解録取書「僕の家の近くにパトカーが何台かくる前、外で死んでいた五歳くらいの女の子とサンピアとかで会っているけど、その後のことは、今はよく思いだせません」

・員面調書「女の子と、事件の日の午前中にサンピアやツルハドラッグで会った」「女の子と会い、外でバイバイしたが、自分の家の中まで勝手に入ってきた」「今は思い出せないが、気がついたら女の子がぐったりしていた」「靴と服を別々のビニール袋に入れた」「（服を脱がせたことは）今はよく思い出せません」「袋はリビングの窓を開けて捨てた」「裸の女の子は鉄の棒がいっぱい置いてある白い建物のところに置いた」「お母さんを心配させないようにやった。本当に怖かったから」

・指紋対照結果（千葉県警本部鑑識課）「レジ袋（靴入り）の指紋は勝木諒の左手母指（親指）指紋に符号」「掌紋は一致と断定できない。不鮮明」

12月7日

・検察弁解録取書「検事さんから、昨日は刑事さんの前で事件のことを思い出して話をしているのになぜ今日は思い出せないのか、と聞かれましたが、たしかに昨日は思い出せたことを刑事さんにそのまま話しました」「検事さんにも、時間が経てばいろいろ思い出して話ができると思います」

12月9日

・上申書「お風呂に女の子をつけてしまいました。それが怖くて辛くてたまりませんでした。ごめんなさい」

・検面調書「ニュースで騒がれていた女の子が自分の家で死んでしまったので、その裸の死体を、家の近くの鉄の棒がいっぱい置いてある建物のところまで、右手で抱いて運んでその場に置いてきました」「Tシャツや短パンなどの服をひとつのビニール袋に入れて、靴をもうひとつのビニール袋に入れて捨てました」

・指掌紋等確認通知書　指掌紋等を対照したところ、符号することを確認。

・員面調書（目撃者B）「12時18分ころ、車で通行中、全裸の子どもを抱えている男とすれ違いました」「右腕に子どもの腿の裏を乗せるようにして抱えており、子どものアゴがちょうど男の右肩あたりに乗るような体勢でした」「男の身長は170センチくらい、体格はがっちり、帽子はかぶっていない。頭髪は茶髪で、長髪などの印象的な髪型ではない」

・員面調書（目撃者C）「午前10時25分ごろ、マンション横のコンビニに勝木に似た男がいた」

12月10日

・員面調書「僕は女の子に家から出て行ってほしいと何度も言った」「言うことを聞いてくれなかったので殺意がめばえて、水が入っていたお風呂の湯船の中に女の子を入れて殺してしまいました」

・上申書「お風呂に女の子をつけてしまいました」「4、5回おうちに帰ってと言ったのに言うことを聞いてくれなかったので、殺意がめばえて殺してしまいました」「その女の子を鉄棒がおいてある階段のところに置きました」「本当にすいません、ごめんなさい。これが今本当の思い出した記憶です」

・鑑定依頼（東金署→千葉県警本部）被害者のパンツに尿の付着があるか。

12月11日

・員面調書「怖かったことから解放された」「これからも一生懸命自分のやったことを正直に話します」「僕が覚えていた服や女の子の顔や髪が、写真の女の子の服と同じでした」

・検面調書「女の子をお風呂の水の中に入れて、上から蓋をして手で押さえて、女の子が出られないようにして殺しました」

12月12日

・員面調書「(遺棄の動機について) 死んだ女の子と一緒にいることが怖かった。お母さんが心配したり泣いてしまうのを見たくなかった」

・上申書　遺棄の経路を遠回りに訂正 (死体を置いたのは12時20分ごろ、マンションにもどったのが12時29分。１００メートルの距離になぜ10分かかったのかと指摘されて)。

12月13日

・検面調書「僕は、何度言っても家に帰ってくれない女の子にカチンときて、殺意がめばえてしまい、女の子をお風呂の水で殺してしまいました」

12月14日

・員面調書「(風呂につける際) 女の子はうつ伏せだったと思う。服を着ていた」「裸にしたのは水や水滴の痕跡をなくすため」

12月15日

・員面調書「服と靴をビニール袋にいれ、2度固結びをし、両手でもって、ベランダから右手で持っていた袋を投げた後、左手で持っていた袋を投げた」「午前中サンピアに行ったときはピンクのストライプが入ったシャツを着ていましたが、汗をかいたから家にもどり、湯船に浸かって着替えました」

12月16日

・員面調書「どっちかの手で女の子のお尻のあたり、どっちかの手で背中のあたりをもって、女の子の頭が僕の右肩あたりにくるように胸に抱いて持ちました」「雨が降っていて汗がすごく、(死体遺棄後に)風呂に入った」

12月18日

・簡易精神鑑定

・下着の尿付着鑑定結果 (千葉県警本部科学捜査研

究所）「尿の付着は証明できなかった」

12月19日

・簡易鑑定結果　全検査ＩＱ48、言語性ＩＱ50、動作性ＩＱ55。「被疑者は軽度の精神遅滞である」「短絡的で場当たり的な犯行は軽度の精神遅滞が影響を与えている」「精神遅滞の程度は軽度で、善悪の判断能力及びその判断に従って行動する能力が著しく減弱しているとはいえない」

・解剖医岩瀬准教授による死因鑑定「鼻口部閉塞や溺水の吸引による窒息、薬物中毒など、なんらかの原因で急死したことが示唆された」「解剖後に実施された鑑定結果からは、本屍が溺死したことを確定することは困難であり、鼻口部閉塞による窒息や薬物中毒など他の原因で急死した可能性も残された」「左上肢脇窩周辺に注射針痕数個あり」「手背部に注射針痕」「右上肢、脇窩周囲に注射針痕1つずつあり、周囲の母指頭大の範囲は青色に変色」

12月20日

・員面調書（現場検証）「僕は警察の人と車に乗って、死んだ女の子を置いてきたところを案内しました」「これからも自分のやったことに責任を取るというプライドを持って、自分がやったことは正直に話していこうと思います」「犯行後風呂に入った。友人が遊びにきたので部屋で本を読んだりアニメを見たりした。その後サンピアやコンビニに行った。パトカーやヘリコプターが出動していた」

12月21日

・検面調書「殺害後、服を脱がせて水滴を拭いた。心臓の音が聞こえなかった」

検事　なぜ拭いたのか。

勝木　えーと、水滴がついていると不安だったから、ちょっと拭いただけです。

12月22日

・検面調書「警察には怖くて連絡できなかった」

12月23日

・員面調書　警察で殺害状況や袋を投げる様子を再現。

12月24日

・員面調書「サンピアからもどりお風呂に入っていたとき、女の子は部屋で本を読んでいた」「風呂から上がり、服を脱いで女の子を湯船につけた。死体遺棄後、女の子のゲボ（吐瀉物）が袖についたため、ふたたび風呂に入り着替えた」

12月26日

・殺人容疑で再逮捕。

・弁解録取書「いま刑事さんに逮捕状を見せてもらいながら読んでもらったことに間違いないです。家に勝手にきた女の子が帰ってほしいと言ったのに帰ってくれなかったら殺意がめばえてお風呂につけました」

12月27日

・上申書「本当のことをいいます。ぼくは9月21日にあるいている女の子をゆうかいしようと思いました」「ツルハドラッグふきんでハンカチで女の子の口をおさえてツルハの裏へ出て家に帰りました」「ツルハの裏からは女の子を抱いていきました」「りゆうはただ仲良くなりたかっただけです。でも声をかけるゆうきがなくてゆうかいしてしまいました」「信じてください。これが本当のいきさつです。ごめんなさい」

12月28日

・弁解録取書「僕がその女の子をお風呂につけて殺したことは間違いありません」

12月29日

・員面調書「女の子をゆうかいしようと思って、ハンカチで口をふさいだりしてぼくのいえにつれてきたことが本当のことです」「僕は刑事さんにずっと女の子が勝手に家にきたと言っていたから、またいけないことをしたのを言えませんでした」

12月30日

・員面調書（誘拐の動機）「声をかけようと思ったけど、勇気がなくて、すこしだけ魔がさしてやってしまいました」

12月31日

・員面調書「僕は9月21日午前11時17分にサンピアを出て、図書館のほうに行ったりしてからツルハドラッグのほうに行きました」

2009年1月1日

・員面調書「女の人に興味があった」「女の子に声をかけられず、ハンカチで口を塞いで誘拐しようと思った」「ツルハドラッグの交差点のところで、女の子の口をハンカチで押さえた」「口を押さえるのをやめて女の子を抱いて歩いた」「マンションに入るときは左手で女の子を抱いた状態で右手で暗証番号を押した。エレベータで3階に行った」

1月2日

・員面調書「女の子を抱いたまま玄関に入った」「自分の部屋でゴーレンジャーの話をした」「女の子はイエローが好きだと答えた」「女の子が急に泣き出し、怖くなってリビングのほうに逃げ込んだ」

1月3日

・員面調書「女の子は大きな声で泣いていた。帰りたいと言ったので、帰るなとやくざみたいなドスのきいた声で脅した」「泣き止まないので廊下に連れていった」「女の子と大喧嘩になり、バカバカと言われ、暴走モードに入った」「許せんこの小娘めと思い、風呂につけこんでやろうと思った」「湯船の前に立って女の子をだっこして入れた」「風呂の水はクリアイエロー。バブを入れたから」「女の子は最初上を向いた状態と思ったが、下を向いていた」「上を向いた状態で落としてからお腹のあたりをぎゅーと押し続けた」「女の子が動かなくなり、女の子が浸かった状態で蓋をした」

1月4日

・検面調書「僕は女の子と仲良くなりたかったのに声をかける勇気がありませんでした。それで女の子の口をハンカチで塞いで、女の子を両手で抱き上げて誘拐して、家に連れていきました。その女の子が家の中で帰りたいといって泣きやまず、僕のことをバカと何度も言ったので殺意がめばえて殺してしまいました。これが本当のことです。誘拐のことを話さなかったのはお母さんに迷惑がかかると思ったからです」

・検面調書「仰向けの女の子を水に落として、右手でお腹のあたりを抑えました。うつ伏せの女の子を風呂水に入れ、蓋をして出られないようにして殺した話は、女の子の顔とか苦しんでいる様子を思い出したくないため嘘をついた」

1月5日

・引き当たり捜査。女の子と会った場所、ハンカチで口を塞いだ場所、抱き上げた場所、「秘密の通路」、マンションエントランス。

1月6日

・員面調書「女の子を風呂から出し、床に仰向けに寝かせた」「死んでいるのを確認して胸を押した。口から結構水が出て、水と一緒にゲボも出てびっくりした」「バスマジックリンをまきスポンジでこすって掃除した」「風呂場の床に寝かせていた女の子を洗面所に移動させた」「外に置きにいくことに決めて、服を脱がせ、体を拭いた」「服と靴を別々のビニール袋に入れて、リビングの窓を開けて外に投げ出した」

1月7日

・警察で犯行再現。ハンカチで口を押さえた場面から殺害、風呂の蓋を閉めるまで。

・員面調書「女の子を湯船に浸けるときに着替えをした。元の服はサンピアに行ったときと同じ、襟が白くてストライプが入った青色の半そでシャツとベージュの半ズボン。ピンク色のストライプが入った半そでシャツに着替えた」「女の子がいる間は風呂に入っていない。死んだ女の子を置いて家に帰ってから風呂に入って着替えた」「着替えた理由はゲボが右袖についたから」「その後遊びにきたT君とコンビニに行ったり東金南公園に行ったりした」

1月8日

・員面調書「自分がやったことに責任をもつというプライドをもって、覚えていることをぜんぶ正直に話せました」「女の子には正直悪いことをしたと思っているし、心の底から反省しています」

1月10日

・上申書「女の子が逃げないようドアの鍵をしめました」「もう顔も見たくないほどカァーときてしまい、風呂の水につけてしまいました」「風呂に入れて女の子のお腹あたりをぎゅーしました」

1月11日

・検面調書（殺害方法）

検事　女の子は片手でもつには重くなかったか。

勝木　軽かったです。布団とかを担いで持っていました。その重さに比べればどうってことなかったです。

・上申書「（腹を押したのは）ういてこないようにするためです」「いきができなくてしんじゃうと思いました」「女の子のおなかあたりを押してじんこうこきゅうをしました」

・上申書「ごめんなさい。ほんとうにごめんね」

1月12日

・検面調書、ＤＶＤ録画

検事　裁判でもちゃんと話す努力をしろ。

勝木　はい。自信ないけど頑張ります。でもいえなかったら検事さんが読んでください。

検事　何を？

勝木　調書ですよ。

2月4日

・解剖医岩瀬准教授の検面調書「溺死であることを推認」「溺死の可能性が高く、溺死に比較すれば薬物中毒や鼻口部閉塞による窒息死である可能性は著しく低い」「溺死の可能性が相当高いと判断したにもかかわらず、溺死の生活反応が証明できなかったことから、死因が溺死であると断定せず、溺死の可能性が示唆されたという記載をした」

4月16日

・検面調書　誘拐の様子、殺意が芽生えた様子など。手書きでメモを記入。ＤＶＤ録画。

4月17日

・検面調書

検事　きょうで事件の取り調べは最後になる予定。

勝木　きょうで終わりなの？　みじか。もうちょっとあってもよくない？

（雑談）

検事　法廷では僕らも君が話しやすいようにいろいろするからね。

勝木　はい。

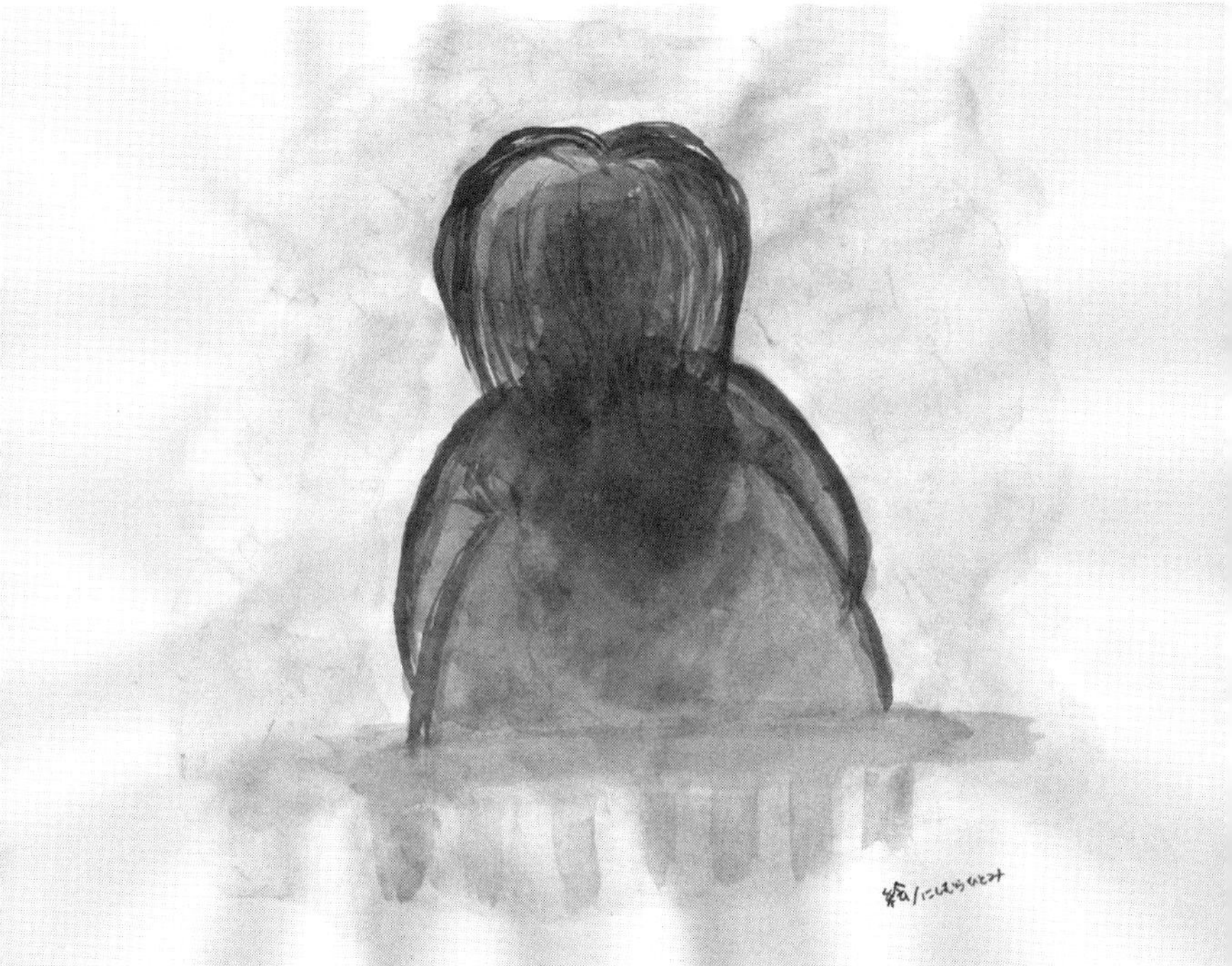

法廷の勝木諒氏

絵：にしむらひとみ

著者略歴

三宅勝久（みやけ・かつひさ）

1965年岡山県生まれ。カメラマンとして中南米・アフリカの紛争地などを取材、『山陽新聞』記者を経てフリージャーナリスト。2003年『週刊金曜日』に連載した武富士批判記事をめぐって同社から1億1000万円の賠償を求める訴訟を起こされるが、最高裁で武富士の敗訴確定。不当訴訟による損害賠償を同社と創業者の武井保雄氏から勝ち取る。自衛隊内の虐待問題や政・官・学・財・司法の腐敗などをテーマに記事を書いている。

おもな著書に、『武富士追及　言論弾圧裁判1000日の闘い』（リム出版新社）、『債鬼は眠らず　サラ金崩壊時代の収奪産業レポート』（同時代社）、『日本を滅ぼす電力腐敗』（新人物往来文庫）、『悩める自衛官　自殺者急増の内幕』（花伝社）、『自衛隊員が死んでいく　“自殺事故”多発地帯からの報告』（同）、『自衛隊という密室　いじめと暴力、腐敗の現場から』（高文研）、『自衛隊員が泣いている　壊れゆく“兵士”の命と心』（花伝社）、『日本の奨学金はこれでいいのか　奨学金という貧困ビジネス』（共著、あけび書房）など。

miyakekatsuhisa@yahoo.co.jp

司法が凶器に変わるとき——「東金女児殺害事件」の謎を追う

2015年3月20日　　初版第1刷発行

著　者　　三宅勝久

発行者　　高井　隆

発行所　　株式会社同時代社

〒101-0065　東京都千代田区西神田2-7-6

電話　03(3261)3149　FAX　03(3261)3237

組版／装幀　　閏月社

印刷　　モリモト印刷株式会社

ISBN978-4-88683-776-9